Werner Adelmaier
Wolfgang Reiter
Michael Wandl

Geschichten erforschen

ERZÄHLUNGEN – QUELLEN – KOPIERVORLAGEN

So lebten die Menschen im Zeitalter des Imperialismus und des Kriegs

öbv hpt
www.oebvhpt.at

Dieses Werk wurde auf der Grundlage eines zielorientierten Lehrplans verfasst. Konkretisierung, Gewichtung und Umsetzung der Inhalte erfolgen durch die Lehrerinnen und Lehrer.

Bildung und Ausbildung kosten Geld: die Familie und die Gesellschaft.
Die Schülerinnen und Schüler erhalten die Schulbücher von der Republik Österreich aus den Mitteln des Familienlastenausgleichsfonds.
Bücher helfen nicht nur beim Lernen, sondern sind auch Freunde fürs Leben.

Autoren und Verlag bitten, alle Anregungen und Vorschläge, die das vorliegende Buch betreffen, an eine der folgenden Adressen zu senden:
öbvhpt, Lektorat Natur- und Geisteswissenschaften, Frankgasse 4, A-1090 Wien.
E-Mail: ingrid.bernscher@oebvhpt.at

Umschlagmotiv: Sklaven auf einer Baumwollplantage
(Luis Mario Casanova Sorolla, Wien 2006)
Umschlaggestaltung: Martin Gaal, Wien
Herstellung: Vera Faber, Wien
Lektorat: Dr. Ingrid Bernscher, Wien

Schulbuchvergütung / Bildrechte © VBK/ Wien

Zeichenerklärung:
E = Erzählung
Qu = schriftliche Quelle
B = bildliche Quelle / Darstellung
M = Materialien
K = Kopiervorlage

Fragen / Forschungsaufträge

Worterklärungen

Wusstest du, dass.....?

1. Auflage 2006 (1,00)

Satz: Michael Karner, www.typografie.co.at
Druck: G. Grasl Ges.m.b.H, 2540 Bad Vöslau
ISBN10: 3-209-05216-6 (öbvhpt)
ISBN13: 978-3-209-05216-2
ISBN 3-12-290078-5 (Ernst Klett Schulbuchverlag)

INHALT

Das Zeitalter des Imperialismus

Von der Kolonialherrschaft zum Imperialismus

Grafik1: Imperialistische Ziele

16. bis 19. Jahrhundert

Im Vertrag von Tordesillas (1494) teilen sich Spanien und Portugal nach einem päpstlichen Schiedsspruch die Welt. Portugiesen, Spanier, Engländer und Franzosen erwerben Kolonien in Amerika, Asien und Afrika. Die Kolonien werden ausgebeutet, um billige Rohstoffe für die Manufakturen zu gewinnen.

B1: Die Portugiesen landen in Afrika.

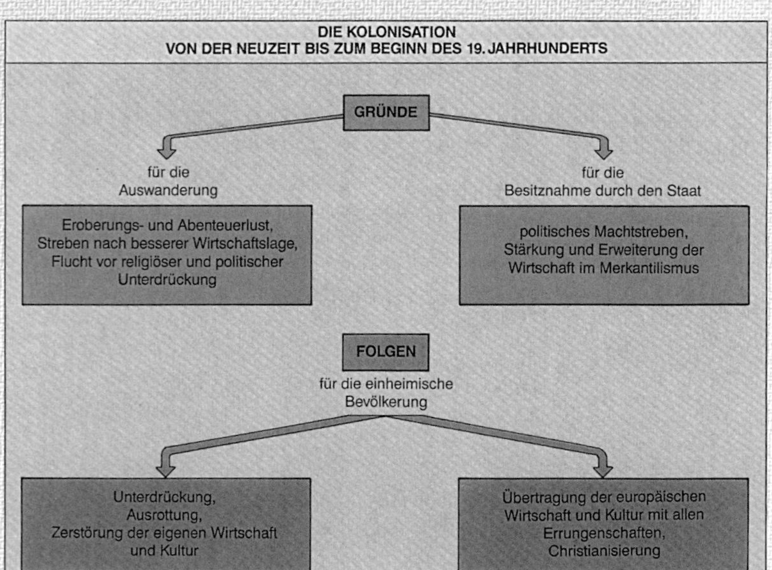

Grafik2: Die Kolonisation von der Neuzeit bis zum Beginn des 19. Jahrhunderts

- Damals konnte der Papst bei der Aufteilung der neuen Gebiete mitsprechen. Wie ist das in politischen Fragen heute?
- Suche in einem Geschichtsatlas eine Karte, in der diese Teilung eingezeichnet ist.

Imperialismus (1870–1914)

Die industriellen Großmächte streben nach Weltherrschaft. Hauptschauplätze des Imperialismus sind Afrika, Asien und die pazifische Inselwelt.
Ursachen: Um Wirtschaftskrisen zu überwinden, werden neue Absatzmärkte und billige Rohstoffquellen außerhalb Europas gewonnen.
Ziele und Mittel: Großfirmen, Handelsunternehmungen und Expeditionen besetzen weite Gebiete in fremden Erdteilen. Die Regierungen der industrialisierten Staaten unterstützen diese Unternehmungen. Die militärische Überlegenheit sichert den imperialistischen Staaten den Erfolg. Die Rohstoffe werden günstig ausgebeutet. Die heimische Bevölkerung wird zur Arbeit für die Kolonialmächte herangezogen. Ihre alten Lebensverhältnisse und Kulturen werden zerstört. In den Kolonialgebieten werden Häfen, Eisenbahnanlagen und Industrieanlagen errichtet.
Die Kriegsgefahr wächst: Der Kampf zwischen den imperialistischen Mächten um den Kolonialbesitz und um die Vergrößerung des Einflussbereichs ihrer Wirtschaft führt in den Ersten Weltkrieg.

B2: Die Inbesitznahme der Gebiete nördlich des unteren Kongos

Im Wettlauf mit den anderen Mächten mussten die Kolonialherren darum bemüht sein, möglichst viel aus den Kolonien herauszupressen. Durch den Reichtum an Bodenschätzen und durch die Arbeit der Eingeborenen konnte es ein findiger Kaufmann wie Carl Peters zu Wohlstand bringen.

- Beschreibe mithilfe der Bilder das Verhältnis zwischen Kolonialherren und Eingeborenen.
- Versuche auch, die Stellung der Kolonien zu den imperialistischen Staaten zu erklären.

B3: Carl Peters auf Inspektionsreise

Nur beste Ware steht heute zum Verkauf

Die spanischen Eroberer behandelten die Indianer in ihren Kolonien unmenschlich. Sie mussten oft in Bergwerken schwerste Arbeiten verrichten, weit entfernt von ihrem Wohnort und getrennt von ihren Familien. In einem Bericht des Dominikanermönchs Bartolomeo de Las Casas an den spanischen König hieß es: „Da die Indianer aufgrund der Berichte der Missionare geschont werden sollten, wurden nun Negersklaven aus Afrika zur Arbeit auf den Plantagen und in den Bergwerken eingesetzt." So entstand erneut der Sklavenhandel. Im 16. Jahrhundert sollen eine Million Sklaven, im 17. Jahrhundert drei Millionen und im 18. Jahrhundert zehn Millionen nach Amerika gebracht worden sein.

1776, noch vor der Menschenrechtserklärung in der Französischen Revolution, hatten die dreizehn Vereinigten Staaten von Amerika in ihrer Unabhängigkeitserklärung sich dazu bekannt, „dass alle Menschen gleich geschaffen und von ihrem Schöpfer mit unveräußerlichen Rechten ausgestattet sind." Dass diese Rechte noch nach nahezu hundert Jahren nicht für alle galten, insbesondere nicht für Indianer und schwarze Sklaven, gehört zu den dunklen Kapiteln der amerikanischen Geschichte.
In der Erzählung wird Amos Spencer, ein schwarzer Schiffsjunge, auf einem Sklavenmarkt verkauft.

Charles Seal war ein untersetzter, wohlgenährter Mann Mitte vierzig. Er wusste, wie man den besten Preis für einen Sklaven erzielte. Viele schätzten ihn als Ehrenmann und respektierten mit verstecktem Neid seine Geschäftstüchtigkeit; wenigen dagegen war bekannt, wie gerissen und hintertrieben der dickbäuchige Charles Seal wirklich war. Er schreckte nicht davor zurück, seine Kunden bewusst zu täuschen.

Am Tag der Versteigerung kam Charles Seal schon am frühen Morgen in das große Lagerhaus mit den dicken Steinmauern. Die Versteigerung sollte um elf Uhr stattfinden. So war es in der Tageszeitung und auf Plakaten angekündigt worden. Es standen zwei Dutzend Schwarze zum Verkauf, darunter zwei Hausdiener, eine Familie mit kleinen Kindern und Amos Spencer.

„Los, auf die Beine, faules Pack!", schrie Charles Seal und scheuchte die Sklaven mit Peitschenhieben auf die Beine. Zuerst mussten sich die Schwarzen gründlich waschen und anschließend mit Öl einreiben. „Reibt euch tüchtig mit Öl ein", befahl Charles Seal, „damit eure Muskeln und Sehnen besser hervortreten und kräftiger aussehen. Wer heute nicht verkauft wird, bekommt Peitschenhiebe!"

Zwei Gehilfen teilten nun billige, aber saubere Kleidung aus. Für die Männer gab es Strohhüte, Hemden, Hosen und Schuhe, und die Frauen bekamen *Kattun*kleider und bunte Kopftücher. Der *Auktionator* musterte nun jeden einzelnen Sklaven mit kritischem Blick. Einer jungen, schlanken Sklavin, die eine sehr helle Haut hatte, gab er einen Klaps unter das Kinn und sagte zufrieden: „Du wirst ihnen gefallen, Celina. Du bringst mir mindestens tausend Dollar. Vergiss nur nicht, was ich dir gesagt habe, verstanden? Du wirst tun, was man von dir verlangt."

Amos Spencer sah mit ohnmächtiger Wut, dass das Mädchen vor Angst keinen Ton herausbrachte und am ganzen Leib zitterte. Sie nickte schließlich und in ihren Augen standen tiefste Verzweiflung und Hoffnungslosigkeit. Einen fürchterlichen Wutausbruch bekam Charles Seal, als er bei einem der Männer graue Haare entdeckte. Das Blut schoss ihm heftig ins Gesicht: „Wenn ich sage, du sollst dir die Haare färben, dann erwarte ich, dass hinterher nicht einmal mehr ein einziges graues Haar zu sehen ist!", tobte Charles Seal.

Amos Spencer merkte, wie sich sein Körper verkrampfte, als Charles Seal zu ihm kam und auch ihn wie ein Stück Vieh taxierte. „Vierhundert Dollar", sagte er mehr zu sich selbst. „Wenn ich Glück habe, schlage

Indianer = Ureinwohner Amerikas; indigene Völker Amerikas.
Bezeichnung aller Menschen, die den Kontinent Amerika (Nord-, Mittel- und Südamerika) bereits vor der europäischen Kolonisierung bevölkert haben.

Kattun = einfärbiges oder buntes Baumwollgewebe

Auktionator = Versteigerer

ich dich sogar für fünfhundertfünfzig los. Werden sehen ..."
Um halb elf erschienen die ersten Interessenten. Es waren zumeist Besitzer von Baumwoll- und Zuckerrohrplantagen oder ihre Verwalter. Charles Seal hatte zwei Dutzend bequeme Stühle und Sessel aufstellen lassen und ließ kostenlos erfrischende Getränke reichen. Er wusste, was er seinen Kunden schuldig war. ...
Die Sklaven nahmen neben einem Podest, auf das drei Stufen hinaufführten, nach ihrer Größe geordnet Aufstellung und warteten.
Schließlich eröffnete Charles Seal die Versteigerung. „Nur beste Ware steht heute zum Verkauf", beteuerte er und befahl einem Hausdiener, auf das Podest zu steigen. Redegewandt pries er die Qualitäten des schwarzen Dieners und trieb den Preis in die Höhe.
Einer nach dem anderen wurde verkauft. Auf Familien wurde keine Rücksicht genommen. Die Mutter des zweijährigen Kindes wurde von einem Plantagenbesitzer in Baton Rouge gekauft, während der Vater von nun an auf einer Zuckerrohrplantage nahe bei New Orleans arbeiten musste. Ihr verzweifeltes Weinen und Flehen, sie doch nicht zu trennen, rührte keinen der elegant gekleideten Käufer.
Celina brachte Charles Seal einen großen Gewinn. Das Mädchen musste durch die Reihen der Käufer gehen und sich betasten lassen. Ein hagerer Plantagenbesitzer kaufte sie schließlich für zwölfhundert Dollar – als Geburtstagsgeschenk für seinen Sohn.
Weniger Erfolg hatte Charles Seal mit einem stämmigen Schwarzen, dessen Augen lei-

- „Alle Menschen sind gleich und mit unveräußerlichen Rechten ausgestattet." Diskutiert über diese Aussage und findet Beispiele, die nicht auf diesen Satz zutreffen.
- Welche Formen der Sklaverei und Ausbeutung gibt es heute?

B1: Sklavenmarkt

denschaftlich funkelten. Normalerweise hätte der *Auktionator* keine Schwierigkeiten gehabt, einen derart muskulösen Schwarzen zu verkaufen. Doch einer der Plantagenbesitzer schöpfte Verdacht und befahl dem Schwarzen, sein Hemd auszuziehen und ihm den Rücken zuzukehren. Mit trotziger Miene folgte der Schwarze dem Befehl und zeigte ihm seinen von langen Narben übersäten Rücken, die Spuren schrecklicher Auspeitschungen. „Den können Sie behalten", sagte der Plantagenbesitzer. „Ich kann aufsässige Nigger nicht gebrauchen."

Und dann kam die Reihe an Amos Spencer, der das Schauspiel bisher fassungslos verfolgt hatte.

„Und hier haben wir einen besonders prächtigen Niggerboy", kündigte Charles Seal ihn an. „Er ist flink und ausdauernd, hat vier Jahre an Bord eines Schiffes gearbeitet und spricht gut Englisch."

„Los, auf das Podest mit dir!", zischte einer der Gehilfen hinter Amos Spencer und gab ihm einen schmerzhaften Stoß in den Rücken. Er taumelte die drei Stufen hoch.

„Was soll ich mit einem ehemaligen Schiffsjungen auf meiner Plantage", scherzte einer der Männer. „So hoch wachsen meine Baumwollstauden nun auch wieder nicht, als dass ich jemand zum Hochklettern bräuchte." Alles lachte. Auch Charles Seal stimmte geschäftstüchtig, wie er war, in das Gelächter ein. „Der Junge gibt bestimmt einen hervorragenden Baumwollpflücker ab. Er ist sehr gelehrig. Sie sollten sich die Gelegenheit wirklich nicht entgehen lassen, Gentlemen."

Ein hoch gewachsener Mann in der ersten Reihe winkte mit seinem Stock, der einen elfenbeinernen Knauf besaß. Er betastete Amos' Oberarme und mit einem Holzstück schob er ihm die Lippen auseinander. „Ein prächtiges Gebiss. Er scheint gesund zu sein", sagte er schließlich. Hilflos stand Amos Spencer vor dem Plantagenbesitzer.

„Die vier Jahre zur See haben ihn gestählt, Mister Dureau", versicherte Charles Seal. „Er sieht zwar noch wie ein Junge aus, hat aber schon die Kräfte eines Erwachsenen." „Vierhundert", gab Robert Dureau sein erstes Angebot ab. „Vierhundertfünfzig", sagte sein Nachbar. „Aber Gentlemen!", rief Charles Seal scheinbar pikiert. „Der Junge ist schon ein paar Dollar mehr wert!" „Vierhundertsiebzig!" „Vierhundertneunzig!" „Fünfhundert!" „Fünfhundertzwanzig!", rief Robert Dureau mit kühler Stimme. „Das ist mein letztes Angebot!" ...

Mit Sklaven kann man alles machen!

„Aufstehen, Sambos! ... Aufstehen! ... Macht, dass ihr aus den Hütten kommt, faules Pack!"

Noch immer dröhnte die Glocke. Amos Spencer atmete die noch angenehm frische Morgenluft ein und bemerkte den stämmigen Afrikaner, der die kleine bronzene Glocke anschlug, die zwischen den Hütten an einem Holzgerüst hing. Der Mann hielt in der linken Hand eine Peitsche mit Lederriemen und war erheblich besser bekleidet als alle anderen Sklaven.

„Das ist Big Ned", sagte jemand neben Amos. Es war Moses, der grauhaarige Schwarze, der Amos auf Hickory Hill in Empfang genommen hatte. „Vor Big Ned musst du dich in Acht nehmen. Er ist schlimmer als der Aufseher. Lass dich nicht davon täuschen, dass er ein Afrikaner ist. Er ist einer der *Driver*." ...

Es war eine Qual, in der sengenden Sonnenglut zu arbeiten. Die Reihen der Stauden schienen kein Ende nehmen zu wollen und der Rücken schmerzte. Big Ned ließ seine Peitsche nun öfter auf die Rücken der Männer und Frauen klatschen. Verbissen strengte sich Amos Spencer an, seinen Sack vor der Brust immer wieder mit diesen Flocken zu füllen. Die Vorstellung, sein Leben lang als Pflücker auf einer Plantage arbeiten zu müssen, erschreckte ihn zu Tode. Die Sonne war hinter den Baumspitzen im Westen nur noch zu erahnen, als Big Ned den von allen ersehnten Befehl zum Aufhören gab. Die gefüllten Körbe wurden nun zum Entkörnungshaus geschleppt und dort gewogen. Amos Spencers Korb war zu leicht, und er hatte es allein Moses zu verdanken, dass ihm die Peitsche diesmal noch erspart blieb. Plötzlich wurden die Sklaven unruhig. Das Gesicht des Alten war bleich und grau geworden. Amos lauschte und vernahm ein Bellen, das immer lauter wurde. „Ja, aber …" Moses unterbrach ihn. „Das sind die Bluthunde der Prämienjäger, Amos. Das sind Männer, deren Beruf es ist, Jagd auf entlaufene Sklaven zu machen. Sie erhalten dafür eine Fangprämie. Sie kommen mit ihren blutrünstigen Tieren aus den Sümpfen zurück. Das ist ein schlechtes Zeichen …"

Ein sehr hellhäutiger Sklave tauchte zwischen den Schuppen auf und rannte zu Big Ned hinüber: „Die Jäger haben Jonas, diesen einfältigen Narren, wieder eingefangen!", verkündete er. „Ich wusste doch, dass er nicht weit kommen würde. Mister Forster will, dass ihr alle bei der Bestrafung dabei seid. Na los, macht schon!" Big Ned verlieh den Worten mit der Peitsche Nachdruck. „Der Herr möge Jonas beistehen", murmelte Moses. Amos Spencer las in den Augen der umstehenden Männer und Frauen Erschrecken und ohnmächtige Wut. Schweigend schlugen die Sklaven den Weg zum Haus des Aufsehers ein. Es war ein hübsches Gebäude mit einer großen Veranda. Vor dem Haus erstreckte sich ein sandiger Platz. Die Sklaven traten noch ein paar zögernde Schritte auf den Vorplatz und blieben dann stehen. Offensichtlich fürchteten sie sich vor dem Dutzend wütend kläffender Bluthunde, die von drei weißen Prämienjägern nur mit Mühe unter Kontrolle gehalten wurden.

Amos Spencer stand neben Moses in der zweiten Reihe. Er sah einen kräftigen Schwarzen, der mit gesenktem Kopf am Boden kauerte. Seine Hände waren gefesselt und um den Hals trug er einen Eisenring mit Kette, die mit einem in den Boden getriebenen Holzpflock verbunden war. „Weshalb ist er geflohen?", fragte Amos Spencer mit gedämpfter Stimme. „Wegen der harten Arbeit?" „Nein, wegen seiner Frau, mein Junge", sagte Moses leise. „Jonas' Frau

B2: Sklaven auf einer Baumwollplantage

wurde vor einer Woche an einen anderen Plantagenbesitzer verkauft. Jonas erfuhr davon erst, als seine Frau Hickory Hill schon verlassen hatte.“ Amos sah den Alten entgeistert an. „Aber wie kann man so etwas machen?“ „Mit Sklaven kann man alles machen!“, erwiderte Moses.

Amos blickte wieder zu Jonas hinüber. Erst jetzt bemerkte er, dass Jonas am Kopf stark blutete. „Mein Gott, er ist schwer verletzt!“, keuchte Amos. „Sie haben ihm beide Ohren abgeschnitten.“ Die Stimme des alten Schwarzen klang sehr müde. „Bei der ersten Flucht verliert ein wieder eingefangener Sklave beide Ohren und wird mit dem Lilienzeichen gebrandmarkt. Beim zweiten Fluchtversuch durchtrennt man ihm die Kniekehlen. Beim dritten Mal wird er hingerichtet. Ja, so lautet das Sklavengesetz hier im Süden. Und du kannst mir glauben, wenn ich dir sage, dass es noch viel schrecklichere Arten der Bestrafung gibt.“

Bevor Amos Spencer etwas erwidern konnte, richtete der Aufseher Mister Forster das Wort an die versammelten Sklaven. „Der Wille des Herrn ist für jeden Sklaven oberstes Gesetz! Fügsamkeit, Treue und Fleiß sind die *Tugenden*, die einen guten Sklaven ausmachen. Vor allem bedingungslose Treue zu seinem Herrn, der hier auf Hickory Hill Mister Dureau ist!“, rief der Aufseher mit schneidender Stimme. „Gegen all diese Gesetze und Pflichten hat Jonas verstoßen, als er versuchte, in die Sümpfe zu fliehen. Niemand von euch hat das Recht, gegen die Entscheidungen seines Herrn aufzubegehren, wie auch immer sie aussehen mögen! Jonas hat es dennoch getan und sogar die lächerliche Hoffnung gehegt, in den Sümpfen seiner gerechten Strafe zu entgehen!“ Er winkte Big Ned zu sich heran. „Sorge dafür, dass er nie mehr vergisst, wer sein Herr ist. Peitsche ihm die aufrührerischen Gedanken aus dem Leib!“ Big Neds Augen funkelten freudig. „Wie viel Schläge, Mister Forster?“ „Fünfzig!“, befahl der Aufseher.

Ein unterdrücktes Stöhnen ging durch die Reihen der Sklaven. Amos Spencer schauderte bei der Vorstellung, dass Jonas fünfzig Schläge mit der Peitsche erhalten sollte – und dann auch noch von Big Ned. Jonas wurde quer über einen mächtigen Holzblock gelegt und gefesselt. Er wimmerte leise. „Anfangen!“, befahl Mister Forster. Die Auspeitschung wollte kein Ende nehmen. Stumm und mit versteinerten Gesichtern standen die Sklaven auf dem Platz. Und so manch einer zählte im Geiste die Schläge mit. Endlich waren es fünfzig. Jonas war bewusstlos.

„Reibt seinen Rücken mit Petroleum ein, damit er keine Blutvergiftung bekommt!“, befahl der Aufseher, drehte sich auf den Absätzen um und verschwand in seinem Haus.

„Jonas hat bekommen, was er verdient hat!“, rief Big Ned und wischte sich den Schweiß von der Stirn. Die raue Stimme des *Drivers* brach den schrecklichen Bann und es kam Bewegung in die Sklaven. Zwei Männer kümmerten sich um Jonas, dessen Rücken ein Stück rohes Fleisch war. Moses berührte Amos am Arm. „Komm mit zur Hütte. Wir müssen das Abendessen zubereiten“, sagte er und zog ihn mit sich. „Essen? Ich kann nichts essen!“ „Du musst überleben, Amos“, sagte der Alte eindringlich. „Und deshalb wirst du auch etwas essen. Wenn du nichts isst, ermüdest du morgen schneller. Du pflückst weniger und die Folge ist, dass Big Ned endlich einen Grund hat, dich zu peitschen.“ „Warum tut niemand etwas dagegen?“, fragte Amos verzweifelt, als Moses vor der Hütte das Feuer entfachte, den Speck vom Haken nahm und etwas Maismehl mit Wasser vermischte.

„Wer sollte etwas dagegen unternehmen, mein Junge?“, fragte Moses achselzuckend. „Die Weißen haben Waffen, wir noch nicht einmal ein brauchbares Messer. Vergiss diese Träume. Essen ist wichtiger.“ Amos Spencer aß nichts an diesem Abend. …

- Warum will Amos von der Plantage fliehen?
- Spielt eine Szene aus den Erzählungen nach.

Driver = hier: Sklavenantreiber

Tugend = Eigenschaft

Menschenhandel und Sklaverei

Qu1: Bericht über einen Sklaventransport

Es ist nicht ratsam, die kranken Sklaven auf dem Oberdeck unterzubringen, ... denn da sie auf diese Weise plötzlich aus der großen Hitze kommend, der freien Luft ausgesetzt wurden und hier auch in der Nacht liegen blieben, ... wurden sie bald von so heftigen Fiebern und Blutstürzen geplagt, dass sie binnen weniger Tage starben. Die Eigentümer hatten auf diese Weise dreihundert Sklaven eingebüßt und die zweihundertfünfzig, welche die Fahrt überlebten, glichen Skeletten. (Gekürzt)

Qu2: Entwicklung der weltweiten Baumwollproduktion

	1839–1840 (Ballen)	1859–1860 (Ballen)	Zunahme in %
	1 Ballen = 217 kg		
Großbritannien	1 022 000	2 344 000	130
Kontinentales Europa	453 000	1 069 000	136
Vereinigte Staaten	336 000	953 000	184

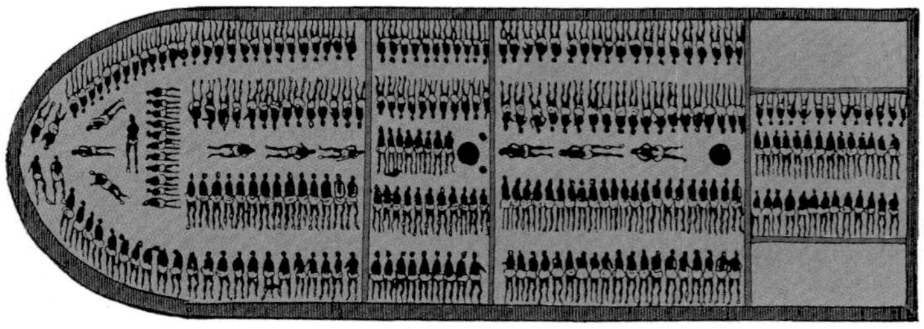

B3: Plan vom Frachtraum eines Sklavenschiffes

Qu3: Ein gesunder Sklave kostete im Jahre 1860 bis zu 1 800 Dollar. In der New York Tribune vom 9. März 1859 berichtet ein Reporter von einer großen Sklavenauktion in Savannah:

„Der größte Verkauf von menschlichen Lebewesen, den Amerika in den letzten Jahren erlebt hatte, fand am Mittwoch und Donnerstag vergangener Woche auf der Rennbahn von Savannah, Georgia, statt. Das Angebot bestand aus 436 Männern, Frauen und Kindern. ... Die Sklaven blieben Tag und Nacht auf der Rennbahn, ein Teil von ihnen über eine Woche lang, der Rest vier Tage vor der Auktion. Man hatte sie möglichst früh dorthin geschafft, um den Käufern Gelegenheit zu geben, sie genau zu besichtigen und zu prüfen. ... Die Käufer öffneten ihnen den Mund, prüften die Zähne, kniffen sie in Arme und Schenkel, um die Muskeln zu probieren, ließen sie alle möglichen Verrenkungen machen, um zu sehen, ob sie lahm oder wund waren. ... In den Gesichtern der Neger, die auf den Block stiegen, malte sich stets das gleiche ab: Angst, die in Worten schwer zu schildern ist, unsagbare Angst. Vernichtete Hoffnungen, Verlust dessen, was ihnen wenigstens ein Stück Heimat war, gepeinigte Herzen, dies alles vereinigte sich in ihrem Gesichtsausdruck. ... So dauerte die Versteigerung zwei Tage an. In dieser Zeit wurden 429 Männer, Frauen und Kinder verkauft. Die Summe, die bei der Auktion insgesamt erzielt wurde, belief sich auf 303 850 Dollar. ...“

Qu4: In Georgia war es auch nicht strafbar, einen Sklaven zu töten, „falls der Tod zufällig während einer maßvollen Bestrafung eintrat“. Sir Harry Johnson berichtet von einem so genannten „Zweikampf“ zwischen einem Plantagenbesitzer namens Souther und einem seiner Sklaven:

„... der Neger wurde an einen Baum gebunden und mit Gerten geschlagen. Als Souther müde von der Arbeit des Schlagens wurde, rief er einen Neger, der Sam mit Steinen bewerfen musste. Auch eine Negerfrau musste helfen, ihn zu bewerfen. Nachdem er beworfen und geschlagen war, legte Souther Feuer an den Körper seines Sklaven: an den Rücken, den Bauch und den Unterleib. Dann ließ er ihn mit heißem Wasser, in dem Pfefferschoten eingetaucht worden waren, abwaschen. Schließlich wurde der Neger an einen Balken und ein Bettgestell mit Seilen, welche ihn ersticken ließen, gefesselt und von Souther gestoßen und getreten. Diese Art der Bestrafung wurde fortgesetzt und wiederholt, bis der Neger unter Qualen starb.“

Menschenhandel und Sklaverei

Qu5: Die britische Schauspielerin Francis Kemble (1809–1893) berichtet über das Leid der Sklavinnen auf der Plantage ihres Gatten:

„Fanny hatte sechs Kinder gehabt; bis auf eines waren alle tot. Sie kam und bat mich um Erleichterung ihrer Arbeit auf dem Feld. Eine andere hatte drei Kinder gehabt; zwei davon waren gestorben. Sie flehte, dass die Regelung geändert werden sollte, sie schon drei Wochen nach ihrer Entbindung wieder aufs Feld zu schicken. ... Eine andere Sklavin hatte eine noch düstere Geschichte zu erzählen; ihr Name war Die. Von den sechzehn Kindern, die sie zur Welt gebracht hatte, waren vierzehn tot. Eine ihrer vier Fehlgeburten ereignete sich, als ihre Arme beim Auspeitschen ausgekugelt wurden. ... Man hatte ihre Hände zusammengebunden, manchmal an den Gelenken, manchmal – was schlimmer war – an den Daumen. Und sie wurde dann an einem Baum oder Pfosten hochgezogen, bis sie beinahe vom Boden abhob. Ihre Kleider rollte der Aufseher bis zur Taille auf, und ein Mann schlug sie mit der Lederpeitsche. ... All das muss ich anhören, ich eine Engländerin, die Frau des Mannes, der diese Unglücklichen besitzt. Und ich habe keine Macht zu sagen: ‚Das soll nicht wieder geschehen.' ..."

(Gekürzt und vereinfacht)

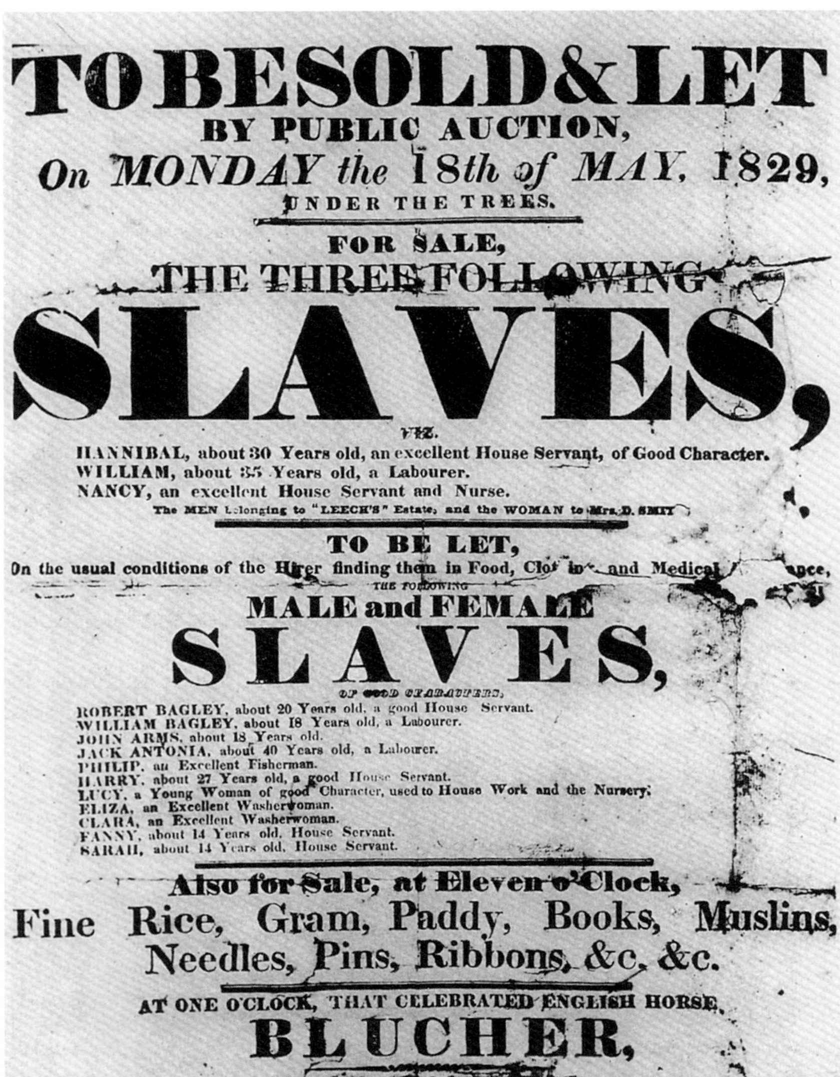

B4: Plakatankündigung einer Sklavenauktion

- Stellt anhand von Qu1 und B3 den Kapitän eines Sklavenschiffes zur Rede. Schreibt einen Dialog und spielt die Szene.
- Überlege, warum Großbritannien und das kontinentale Europa zwar mehr Bauwolle als die Vereinigten Staaten produzierten, Amerika jedoch die größeren Zuwächse hatte.
- Welche Informationen über die Sklaven kannst du dem Plakat (B4) entnehmen? Was wurde an diesem Tag noch angeboten?
- Erzähle anhand von Qu3 die Ereignisse des 9. März 1859 aus der Sicht eines Sklaven.
- Du bist ein Gegner der Sklaverei und schreibst daher einen Protestbrief an den Präsidenten. Verwende dazu Informationen aus der Erzählung und den Quellen.

Sklaverei und die Entwicklung der Menschenrechte

Test your English

Qu1: The American Declaration of Independence, July 4th, 1776
We hold these truths to be self-evident, that all men are created equal, that they are endowed by their creator with certain unalienable rights, that among these are life, liberty and the pursuit of happiness. That to secure these rights, governments are instituted among men, deriving their just powers from the consent of the governed.

B1: Unterzeichnung der Unabhängigkeitserklärung

Stationen der Menschenrechte

1776: USA – Unabhängigkeitserklärung
1789: Frankreich – Erklärung der Menschen- und Bürgerrechte
1948: UNO – Allgemeine Erklärung der Menschenrechte

Qu1: ....
1. Die Menschen werden frei und gleich an Rechten geboren und bleiben es.
7. Niemand darf außer in den durch das Gesetz bestimmten Fällen verhaftet oder gefangen gehalten werden.
11. Die freie Mitteilung der Gedanken und Ansichten ist eines der kostbarsten Menschenrechte.

Qu2: ....
Alle Menschen sind gleich geschaffen.

Qu3: ....
1. Alle Menschen werden frei und gleich an Würde und Rechten geboren.
2. Alle Menschen ohne Unterschied, insbesondere ohne Rücksicht auf Rasse, Farbe, Geschlecht, Sprache, Religion, ... können alle in dieser Erklärung niedergelegten Rechte und Freiheiten in Anspruch nehmen.
4. Niemand darf in Sklaverei oder Leibeigenschaft gehalten werden; Sklaverei und Sklavenhandel sind in allen Formen verboten.

- Dass diese Rechte bis ins 20. Jahrhundert hinein nicht für alle selbstverständlich waren, gehört zu den dunklen Kapiteln der amerikanischen Geschichte. Begründe diese Aussage.
- Ordne den Texten die Jahreszahlen richtig zu.
- Finde für beide Spalten Beispiele (B2).

Menschenrechte

VERLETZEN	VERTEIDIGEN
eine gewaltsame Auseinandersetzung mit einem Mitschüler führen	einen Streit schlichten helfen
eine gewaltsame Auseinandersetzung in eine Gruppe hineintragen	anderen gegenüber tolerant sein und Verständnis zeigen
eine Gruppe gegen die andere zur gewaltsamen Auseinandersetzung anstiften	für die Rechte der Mitmenschen eintreten und mich dafür engagieren
Schwächere mit Körpergewalt unterdrücken – Schwächere unter psychischen Druck setzen	in einer Menschenrechtsorganisation (ai) aktiv mitarbeiten
...	...

B2: Menschenrechte kann ich verletzen! Will ich verteidigen!

Monopoly – oder: Wie man Pflanzen entführt

Kolonien dienten ihrem „Mutterland" vor allem als Rohstofflieferanten. Wegen des Klimas wuchsen hier zum Beispiel Pflanzen, die in Europa nicht gedeihen konnten. Wichtig waren vor allem solche Pflanzen, die entweder zur Nahrung dienten (Kaffee, Kakao, Bananen u. a.) oder aus denen man ein Produkt herstellen konnte, das sich gut verkaufen ließ.

Am späten Nachmittag eines Januartages im Jahr 1876 stiegen in der englischen Hauptstadt London zwei Männer aus einer Kutsche. Sie schritten auf ein altmodisches dreistöckiges Gebäude zu. Ein Diener schien sie schon erwartet zu haben. Er führte sie schweigend durch einen dunklen Gang in ein Zimmer. Das matte Licht einer goldenen Leuchte fiel auf einen Tisch, an dem ein alter Mann in schwarzer Kleidung saß und sich tief über Papiere beugte.

Fünf Minuten vergingen in Schweigen. Dann erhob sich *Disraeli*, der englische Premierminister. Er begrüßte seine beiden Besucher; einen von ihnen, den Staatssekretär von *Britisch-Indien*, Graf Salisbury, kannte er schon. Der zweite wurde ihm vorgestellt. Es war Sir Hooker, der Direktor des bekannten Botanischen Gartens in *Kew*. „Graf Salisbury hat mir schon von Ihren Plänen erzählt. Wollen Sie mir bitte Näheres darüber berichten?", redete der Minister Sir Hooker an. Dieser begann: „Sir, es ist allgemein bekannt, dass seit dem Jahr 1822 Kautschuk aus Südamerika auf den Weltmarkt kommt. Der Bedarf ist rasch gestiegen. 1830 wurden 150 Tonnen geliefert, heute mehr als 10 000, und diese Aufwärtsentwicklung wird rasch weitergehen. Der beste Kautschukbaum wächst in Brasilien. Er liefert den kautschukreichsten Milchsaft und ergibt den weitaus besten Rohgummi. Er braucht ein heißes Klima und viel Regen. Das gibt es im brasilianischen Urwald, aber auch in den englischen ostasiatischen Kolonien.

B1: Eingeborene bringen heimlich die kostbaren Gummibaumsamen an Bord.

B2: Methode des Gummizapfens, Foto um 1900.

Die Brasilianer lassen aber weder einen Gummibaum noch Samen des Gummibaums ausführen. Sie wollen das *Monopol* auf die Gummierzeugung behalten. Das lassen sie sich bezahlen und steigern die Kautschukpreise, wie es ihnen passt. Wir können nichts dagegen machen. Außerdem treiben sie beim Gummizapfen einen solchen Raubbau, dass es bald keine erreichbaren Kautschukbäume mehr geben wird."

„So weit darf es aber nie kommen! Was hat man denn dagegen unternommen?", unterbrach *Disraeli*. „Im Jahr 1873 haben wir einen englischen Botaniker nach Brasilien geschickt, der auf geheimen Wegen 3000 Kautschukbaumsamen in unseren Botanischen Garten nach *Kew* geschmuggelt hat. Doch nur ein Dutzend davon keimten, und diese gingen anschließend auf dem Weg nach *Kalkutta* ein." „Was wollen Sie jetzt unternehmen?", fragte *Disraeli*.

„Ich möchte dasselbe noch einmal versuchen, es gibt keinen anderen Weg! Nur will ich diesmal nicht 3000, sondern mindestens 30000 Samen in meinen Botanischen Garten holen lassen", antwortete Sir Hooker.

„Aber Sie sagten doch, dass Brasilien die Ausfuhr von solchen Samen bei schwersten Strafen verboten hat", wandte der Premierminister ein. „Kennen Sie jemand, der dieses Wagnis unternimmt?" Hooker entgegnete: „Ja, ich kenne einen solchen Mann. Er heißt Henry Wickham und ist Kautschukpflanzer in der Nähe einer kleinen Stadt am *Amazonas*. Wenn einer, so wird er die Aufgabe lösen."

„Gut", sagte der Premierminister. „Aber vergessen Sie nicht: Ich habe nur privat mit Ihnen gesprochen. Falls Herr Wickham Pech haben sollte und Hilfe braucht, so könnte die englische Regierung gar nichts für ihn tun. Im Übrigen wünsche ich Ihnen viel Glück." Damit waren die beiden Besucher entlassen.

Der Geheimauftrag für den Pflanzer Wickham lautete: „Es sind Gummisamen in unbegrenzter Menge nach England zu verfrachten. Geld spielt dabei keine Rolle. Wie Sie es anstellen wollen, ist Ihre Sache!"

Kautschuksamen wuchsen genügend in seiner Pflanzung und im nahen Urwald. Sie faulten aber sehr schnell und verloren ihre Keimkraft. Auch fuhr zur Zeit kaum ein Dampfer von der nächsten Hafenstadt *Para* bis in die Nähe der Pflanzung. Eine solche Fahrt dauerte mindestens drei Wochen. Dann kam noch die Kontrolle der brasilianischen Zollbeamten.

Disraeli = Benjamin Disraeli (1804 -1881) 1864 und 1874 bis 1880 englischer Premierminister

Britisch-Indien = Von 1818 bis 1947 stand Indien unter britischer Herrschaft.

Kew = Kew Gardens ist ein botanischer Garten in London.

Monopol = marktbeherrschende Stellung, nur ein Anbieter bestimmt die Regeln des Handels

Kalkutta = größte indische Stadt, am Ganges gelegen

Amazonas = großer Fluss in Brasilien

Para = brasilianische Hafenstadt am Atlantischen Ozean; heute: Belern

Rücksichtsloses Streben nach Vorherrschaft (1)

Ganz zufällig erfuhr Wickham, dass der englische Dampfer „*Amazonas*" keine Fracht für die Rückfahrt gefunden hatte. Schnell entschlossen brachte er eine geheime Unterredung mit dem Kapitän zu Stande, bestach ihn und vereinbarte einen Treffpunkt auf dem *Amazonas*fluss. Dann ließ er in aller Eile seine Indianer Kautschuksamen sammeln. Im nahen Indianerdorf ließ er die Samen trocknen, bis sie so weit waren, dass sie in Bananenblätter gepackt und in Matten gewickelt werden konnten. Nachts ruderten dann seine Kanus zum Schiff auf dem *Amazonas* und luden die Geheimfracht aus. Seine Indianer wussten nicht, worum es ging, und zum Glück hatte auch kein Weißer etwas von dem seltsamen Tun bemerkt. 70 000 Samen wurden so im nächtlichen Dunkel an Bord geschmuggelt.

An Bord aber drohten Scharen von Ratten über die kostbaren Samen herzufallen. Die Säcke und Ballen mussten an Schnüren frei in der Luft aufgehängt werden. Dann kam die lange Fahrt über 2 000 km nach dem Hafen *Para*, hinweg über Tausende von gefährlichen Sandbänken. In *Para* wartete noch das gefährlichste Wagnis: die Zolluntersuchung.

Wickham bereitete alles vor. Er lud wichtige brasilianische Persönlichkeiten zu einem Fest ein. Da er als ein verrückter Orchideensammler galt, sagte er, dass er in einem geheizten Raum unten im Schiff Knollen von Orchideen untergebracht habe. Den Raum könnte man nicht öffnen, wenn die Orchideen nicht durch kalte Luft leiden sollten. Als die Zollbeamten zum Kontrollgang auf das Schiff kamen, ließen sie die Luke hinten im Schiff gar nicht öffnen. Nach zehn Minuten schon verließen sie das Schiff.

Am nächsten Morgen war die kostbare Fracht bereits unterwegs nach England. Der Botanische Garten in *Kew* traf alle Vorbereitungen. Über Nacht wurde ein Orchideenhaus frei gemacht. Ein Sonderzug wurde zehn Minuten nach Ankunft des Dampfers mit den Kautschuksamen beladen und brachte diese in geheizten Wagen aus dem südenglischen Hafen in den Botanischen Garten nach *Kew*.

Alles atmete auf, als sich nach zwölf Tagen die ersten grünen Spitzen zeigten. Nach einigen Wochen standen in wohl geordneten Reihen 2 800 Gummipflänzchen im Glashaus. Bald waren sie so stark, dass man die meisten von ihnen in eine künstlich hergestellte Tropenkammer auf einem britischen Dampfer bringen konnte, der sie nach *Ceylon* in den Botanischen Garten transportierte. Schon 1882 kamen von dort kleine Gummibäume nach *Singapur, Kalkutta* und an andere Plätze in den englischen Kolonien. Lange Zeit wusste man in Brasilien nichts von dem Geschehen.

Es dauerte zwar noch einige Zeit, aber dann kam ein großer Teil des gehandelten Kautschuks nicht mehr aus Südamerika, sondern aus den englischen südasiatischen Kolonien. Bald lieferten diese sogar drei Viertel allen Gummis auf den Weltmarkt. Er stammte von Bäumen, die aus den Samen Henry Wickhams gezogen waren. England kontrollierte jetzt den Kautschukmarkt, bestimmte die Preise und verdiente viel Geld an diesem *Monopol*.

Ceylon = Insel im Indischen Ozean, 1795 -1948 englische Kolonie; heute: Sri Lanka

Singapur = Stadt auf Malaysia, englische Kolonie 1819 – 1965

- Schau im Lexikon nach, wofür Kautschuk verwendet werden kann und erläutere, warum es für England so wichtig war, über diese Pflanze zu verfügen.
- Wie beurteilst du das Vorgehen der englischen Regierung?
- Auch heute noch kommt es vor, dass mächtige Staaten versuchen, andere zu beherrschen, um an deren Rohstoffe zu gelangen. Seit vielen Jahren ist der Nahe und Mittlere Osten eine gefährliche Krisenregion. Erkundige dich, welche Staaten in den letzten 20 Jahren hier in die Auseinandersetzungen verstrickt waren. Um welche Rohstoffe geht es?

Exotische Tiere und Pflanzen kommen nach Europa

Die Forschungsreisen des 19. Jahrhunderts brachten viele neue Kenntnisse über die Flora und Fauna unseres Planeten. Allein bei den Reisen Alexander von Humboldts durch Südamerika konnten 3 500 neue Pflanzenarten entdeckt werden, womit die Zahl der damals weltweit bekannten Exemplare nahezu verdoppelt wurde. Auch viele exotische Tiere faszinierten die Menschen. Um 1850 begannen die Engländer Henry Bates und Alfred R. Wallace Vögel, Insekten und andere Tiere des Amazonas zu untersuchen. In den großen Städten wurden naturkundliche Museen, botanische Gärten und Zoos errichtet, um die fremden Geschöpfe einer breiten Öffentlichkeit näher zu bringen. Der älteste Tiergarten der Welt liegt in Schönbrunn (Wien).

B3: Die erste Giraffe im Tiergarten Schönbrunn mit ihrem arabischen Betreuer

Qu1: Der Südamerikaforscher Richard Spruce berichtet von der faszinierenden Pflanzenwelt des Regenwaldes:

„... nahezu jede Pflanzengattung hat einen Vertreter in Gestalt eines Baumes. Hier gibt es Gräser (gemeint sind Bambusarten) in Höhen von 40, 60 und mehr Fuß, manchmal wachsen sie aufrecht, manchmal wuchern sie zu einem Dickicht auf, das nicht einmal ein Elefant zu durchdringen in der Lage wäre. ... Anstelle unseres Immergrün wachsen hier stattliche Bäume, die eine Milch absondern, die in manchen Fällen heilsam und gesund und in anderen Fällen tödlich giftig ist ... . Hier gibt es Veilchen in der Größe von Apfelbäumen und Margueriten, oder besser gesagt, Blüten, die wie Margueriten aussehen und an erlenartigen Bäumen hängen."
(Gekürzt und vereinfacht)

Die Faszination nach fremden Geschöpfen führte im Fall des Angelo Soliman zu makabren Auswüchsen.

1720 wurde Soliman von Sklavenhändlern gefangen und nach Italien gebracht. Nach dem Tod seines Herrn Georg Christian Lobkowitz trat er in die Dienste von Josef Wenzel Liechtenstein in Wien ein. Liechtenstein schätzte ihn als ausgezeichneten Partner beim Schachspiel. Der „Mohrenprinz" Soliman wurde getauft und heiratete eine Wienerin. Als er hochbetagt am 21. November 1796 starb, ordnete Kaiser Franz II. an, Soliman auszustopfen und der naturkundlichen Sammlung des Kaiserhauses einzuverleiben. Bei den Revolutionswirren des Jahres 1848 verbrannte der ausgestopfte Soliman, als aufgebrachte Bürger die Hofburg beschossen.

B4: Rinden, Blätter und Blüte des Fieberrindenbaumes, aus dem Chinin gewonnen wird (Zeichnung: R. Spruce)

B5: Angelo Soliman, vermutlich ein afrikanischer Königssohn (nach einer Darstellung von Gottfried Haid um 1750)

- Beurteile die Aussagen von Richard Spruce. Wofür wird der Wirkstoff Chinin verwendet?
- Besucht ein naturkundliches Museum und forscht nach, welche Wissenschafter beim Aufbau der Sammlung mitgewirkt haben.
- Viele Tiere, die für die ersten Zoos gefangen wurden, starben sehr bald. Heute versucht man, für die Tiere den Lebensraum in den Gehegen artgerecht zu gestalten. Diskutiert, ob dies möglich ist.

„... man lässt sie verhungern, das ist ein feiner, aber doch entscheidender Unterschied."

Bei den Herero in Südwestafrika, dem heutigen Namibia, wirkten sich gegen Ende des 19. Jahrhunderts Rinderpest, Dürre und Malaria verheerend auf deren Existenzgrundlagen aus. Gleichzeitig nahmen deutsche Siedler Land in Besitz und grenzten Weideflächen für ihr eigenes Vieh ein. Die Herero sahen sich vielfach gezwungen, Land zu verkaufen. Viele verarmten und mussten sich bald als Lohnarbeiter den Weißen anbieten. Bedrückend wurde von den Afrikanern auch die steigende Rechtsunsicherheit und die Einseitigkeit der Kolonialjustiz empfunden. Die Prügelstrafe gehörte zum „selbstverständlichen" und „unverzichtbaren" Straf- und Zuchtmittel. Als die Deutschen mit der Planung von Reservaten begannen, kam es zum Herero-Nama-Aufstand, der blutig niedergeschlagen wurde.

Am Nachmittag des 28. September 1904 hatte ein dünner Dauerregen eingesetzt. Ober*veterinär* Gottschalk war in Hamburg an Bord der „Gertrud Woermann" gegangen. Die Pferde hatte man schon verladen, sie standen geschützt im vorderen Laderaum. Im Achterschiff verschwanden noch immer Munitionskisten, Geschütze und Proviant. Um 18.30 Uhr heulte mit einem weißen Schweif die Dampfsirene. ... Der Lotse kam an Bord. Das *Fallreep* wurde eingezogen, und plötzlich war im Schiff ein gleichmäßig stampfendes Dröhnen zu hören, das jetzt fast drei Wochen anhalten sollte. ... Aus dem Schornstein quollen schwarze Rauchwolken, und kleine fettige Rußkrümel setzten sich auf Gottschalks grauen Uniformmantel und hinterließen, als er versuchte sie abzustreifen, schwarze Striche. Angesichts dieser schwarzen Rauchfahne, die sich langsam und rußend über das Schiff hinwegwälzte, hatte Gottschalk plötzlich den Wunsch, wieder auszusteigen. Da wurde ein Krieg geführt, der ihn, genau genommen, doch

B1: Landung in Südwestafrika

gar nichts anging. Wie war er nur auf den verrückten Gedanken gekommen, sich freiwillig zu melden? Andererseits hatte er sich in den vergangenen Tagen auf Deutsch-Südwestafrika gefreut. Dort begann, während in Deutschland die Tage kürzer und kälter wurden, der Sommer.
...
Die „Gertrud Woermann" ging in der zweiten Oktoberhälfte vor Anker. Beiboote hatten die Soldaten durch die Brandung an den Strand gebracht. Am Ufer standen Neugierige, darunter viele Soldaten, auch waren ein paar Frauen mit Sonnenschirmen in den Händen zu erkennen. ... Nur die weißen Verbände der Verwundeten störten diesen Anblick. Als das Boot im seichten Wasser festlief, war

B2: Ein gefesselter Herero

Gottschalk einem der dort wartenden Schwarzen auf den Rücken gestiegen. Der Mann war nur mit einer zerrissenen Anzughose bekleidet. Gottschalk fühlte die schwitzende schwarze Haut, er roch den sauren Schweiß. Mit einer sanften Drehung wurde er in den Sand gestellt. Gottschalk stand auf afrikanischem Boden. Er glaubte, der Boden schwanke unter seinen Füßen. Vor rund zwanzig Jahren, im Frühjahr 1883, waren die Deutschen in „Südwest" an Land gegangen und freundlich empfangen worden. Wie schnell sich doch die Verhältnisse geändert hatten! ...
In Swakopmund erfuhr Gottschalk, dass er der 8. Batterie im Süden zugeteilt war. „Im Süden sieht es ziemlich finster aus", hörte er einen nahe stehenden Oberleutnant sagen. ...
Zwei Lokomotiven zogen den Kleinbahnzug durch die Wüste. Gottschalk hätte bequem neben dem Zug herlaufen können, wäre nicht die Hitze gewesen. Er saß wie die anderen

B3: Nachts an der Bahnstation

Rücksichtsloses Streben nach Vorherrschaft (1)

auf Hafersäcken. … Draußen lag eine öde, pflanzenlose Ebene, aus der hin und wieder zerklüftete Felsen herausragten. …
Nachts hielt der Zug an einer kleinen Hütte, die von einem Sandsackwall geschützt war. Daneben standen ein Wassertank, ein Kohlenhaufen und ein Holzkreuz. Der Bahnbeamte, der hier Dienst getan hatte, war bei Beginn des Aufstands von Herero erschossen worden. Das Stationshäuschen war jetzt mit sechs Soldaten besetzt. … „Nachts kann man nicht weiterfahren", sagte der Lokomotivführer, „die Gegend wird noch immer von versprengten Hererobanden unsicher gemacht." Gegen 6 Uhr setzte sich der Zug wieder in Bewegung. Nach vier Stunden Fahrt veränderte sich die Landschaft. Die mitreisenden Dr. Haring und Oberleutnant Ahrens unterhielten sich darüber, wie man dieses sanft hügelige Land einmal kultivieren könnte. Wenig später hielt der Zug. Die Schienen waren vom Sand zugeweht. Ein Trupp gefangener Herero schaufelte sie frei. Jeweils zwei waren mit Ketten aneinander gefesselt. Daneben standen zwei Posten. Der eine rauchte eine Pfeife. Einer der gefangenen Herero trug – vermutlich als Schutz gegen das scheuernde Halseisen – einen abgerissenen Stehkragen.
Am 23. Oktober erreichte Gottschalk Windhuk, die Hauptstadt der Kolonie, wo er sich bei der Kommandantur meldete. … Am Rande des Orts stand das Vieh in großen *Kralen*, Rinder, Schafe und Ziegen, die man den besiegten Herero abgenommen hatte. „Der größte Teil ist leider in der Wüste verdurstet", bemerkte Stabs*veterinär* Moll, „es ist uns nicht gelungen, den Herero das Vieh abzunehmen, bevor wir sie in das Sandfeld treiben konnten. Jetzt gilt es, den Viehbestand zu sichten und auf Infektionskrankheiten zu prüfen. Täglich werden neue Tiere hergebracht." „Was gedenkt man mit dem Vieh zu tun?", fragte Gottschalk. „Es ist dafür da, den Fleischbedarf der Truppe zu decken. Der Rest verreckt einfach. Die deutschen Siedler haben zwar dagegen protestiert, aber es gibt eben einen Befehl von General von Trotha", erklärte Moll nüchtern.
Die Rinder sahen erbärmlich aus, durchwegs abgemagert, viele durch Dornen oder Schüsse verletzt, viele wiesen eiternde Entzündungen auf. Die Kadaver der verendeten Tiere lagen im Kral herum, es stank nach Aas.
Unmittelbar neben dem Vieh*kral* war eine große freie Fläche mit Stacheldraht eingezäunt worden. Davor standen Posten mit aufgepflanzten *Bajonetten*. Hinter dem Zaun konnte Gottschalk Menschen hocken sehen, eher Skelette, nein, etwas in der Mitte zwischen Menschen und Skeletten. Zusammengedrängt saßen sie da, meist nackt, in der stechend heißen Sonne. „Wie sehen die denn aus?", murmelte Gottschalk und starrte hinüber. „Das ist unser Konzentrationslager", erklärte Moll, „nach den neuesten Erkenntnissen der Engländer im Burenkrieg errichtet." „Aber das sind ja Frauen und Kinder! … Woran sterben die Herero? Ruhr, Typhus und Unterernährung? Die verhungern ja!", entgegnete Gottschalk.
„Nein", sagte der beistehende Unter*veterinär* Wenstrup, „man lässt sie verhungern, das ist ein feiner, aber doch entscheidender Unterschied. … Dahinter steckt System. Die Ausrottung der Eingeborenen. Man will Siedlungsgebiet haben."
Als Gottschalk am nächsten Tag zu den Vieh*kralen* ritt und an dem Lager vorbeikam, sah er Hände, die sich durch den Stacheldraht ihm entgegenstreckten. Jemand hatte ein Schild gemalt und an den Zaun gehängt: „Bitte nicht füttern!" …

- Berichte aus der Sicht eines Rotkreuzmitarbeiters über die Ereignisse in Deutsch-Südwestafrika Anfang des 20. Jahrhunderts.
- Welche Kolonien gehörten in Afrika noch zum Deutschen Reich? Wie leben die Menschen heute in diesen Ländern?

Veterinär = Tierarzt

Fallreep = äußerer Schiffszugang

Kral = Einzäunung, Gehege

Bajonett = Stichwaffe, die vorne beim Gewehrlauf für den Nahkampf angebracht wird.

Der Schwarze Kontinent wird aufgeteilt

Qu1: Die Aufteilung Afrikas

Bei der Kongokonferenz in Dakar erließ man einige sehr einfache Regelungen. Die Besetzung der Küstenbereiche genügte nicht, um Ansprüche auf das Hinterland anmelden zu können ... . Das Kongo- und das Nigerbecken wurden für den internationalen Handel freigestellt. Das Signal zum Ansturm auf Afrika war damit gegeben. ... Im Jahr 1880 hatten die Europäer kaum ein Zehntel des afrikanischen Kontinents in Besitz genommen – zwanzig Jahre später war der gesamte Rest vereinnahmt. Man nahm, weil man glaubte, dass es notwendig wäre, um frühere Eroberungen zu schützen; später nahm man, weil alles zum Greifen nahe lag, noch später nahm man, um den Nachbarn zuvorzukommen; zum Schluss nahm man, um zu nehmen, ... Der Imperialismus legte sich wie ein bleierner Mantel über die Savannen, Wälder und Wüsten.
(Gekürzt und vereinfacht)

B4: Die Welt in den Krallen Englands (französische Karikatur, 1899)

Qu2: Cecil Rhodes – Der Sendungsauftrag der britischen Rasse (1877)

„Ich behaupte, dass wir die erste Rasse in der Welt sind und dass es umso besser für die menschliche Rasse ist, je mehr von der Welt wir bewohnen. ... Darüber hinaus bedeutet es einfach das Ende aller Kriege, wenn der größere Teil der Welt in unserer Herrschaft aufgeht ... Da (Gott) offenkundig die englisch sprechende Rasse zu seinem ausgewählten Werkzeug formt, durch welches er einen Zustand der Gesellschaft hervorbringen will, der auf Gerechtigkeit, Freiheit und Frieden gegründet ist, muss er offensichtlich wünschen, dass ich tue, was ich kann, um jener Rasse so viel Spielraum und Macht wie möglich zu geben. Daher, wenn es einen Gott gibt, denke ich, dass das, was er gern von mir getan haben möchte, ist, so viel von der Karte von Afrika britisch rot zu malen als möglich ... (ist), um die Einheit zu fördern und den Einfluss der englisch sprechenden Rasse auszudehnen."
(Gekürzt und vereinfacht)

Qu4: Ein sächsischer Offizier berichtet aus Deutsch-Südwestafrika in einem Brief an seine Schwester:

„Am 6. Juli, noch vor Sonnenaufgang, kamen wir, der Oberleutnant von Leckow, Leutnant von Moßner, ich und 20 Mann bei Okosngoho mit den schwarzen Kerls in Berührung. ... Es war eine Situation voller Spannung, hatten wir doch mehrere tausend Hereros vor uns! Niemand wusste, ob wir schießen sollten, da wir noch nicht erkundet hatten, wie weit die Feinde entfernt waren. Da krachten aber schon die ersten Schüsse von mir und meinem Unteroffizier, zwei Schwarze fielen zu Boden. Überall stürzten nun die Herero heraus. ...
Jeder Schuss war gut gezielt und streckte immer einen der Feinde zu Boden. ... Nicht ganz eine halbe Stunde dauerte das Feuer. Ihre Kugeln gingen an uns vorbei, ohne auch nur einen zu treffen. Die Herero waren verschwunden, nachdem sie sechzig Mann verloren hatten. Wir trieben die dem Oberhäuptling Samuels gehörigen dreißig Kühe heraus und gelangten am 8. Juli wieder zu unserer Abteilung. ... Unser Sieg war ein bedeutender. Es war kühn und schön und doch etwas traurig, da ich das erste Mal auf Menschen schoss."

Qu3: Am 2. 10. 1904 erlässt General von Trotha folgende Proklamation:

„Ich der große General der Deutschen Soldaten sende diesen Brief an das Volk der Herero. Die Herero sind nicht mehr Deutsche Untertanen. Sie haben gemordet und gestohlen ... und wollen jetzt aus Feigheit nicht mehr kämpfen. Ich sage dem Volk: Jeder, der einen der Anführer an eine meiner Stationen als Gefangenen abliefert, erhält tausend Mark, wer Samuel Maherero bringt, erhält fünftausend Mark. Das Volk der Herero muss jedoch das Land verlassen. Wenn das Volk dies nicht tut, so werde ich es mit dem Geschütz dazu zwingen. Innerhalb der Deutschen Grenze wird jeder Herero mit oder ohne Gewehr, mit oder ohne Vieh er-

Rücksichtsloses Streben nach Vorherrschaft (1)

schossen, ich nehme keine Weiber und keine Kinder mehr auf, treibe sie zu ihrem Volke zurück oder lasse auch auf sie schießen. ..."
Der dazugehörige Tagesbefehl für die deutschen Truppen lautete:
„Dieser Erlass ist bei den Appells den Truppen mitzuteilen ... und dass das Schießen auf Weiber und Kinder so zu verstehen ist, dass über sie hinweg geschossen wird, um sie zum Laufen zu zwingen. ... Diese werden schon fortlaufen, wenn zweimal über sie hinweg geschossen wird. ..."

B5: Ein Paar vom Stamme der Ovambo

B6: Ein Brautpaar, das nach europäischer Sitte heiratete.

Qu5: Ein afrikanischer Vorarbeiter erzählt vom Leben vor und nach der Kolonialisierung

„Unsere Väter haben uns beigebracht, es gibt keine eigene Person, es gibt die Sippe; der Sohn einer Sippe nimmt eine oder mehrere Frauen, um seine Sippe zu vergrößern; demnach gehören die Kinder der Sippe; die Alten erziehen sie, wenn die jungen Mütter Arbeit auf dem Felde haben. Mein Vater hat ein großes Feld; mit einer Frau konnte er es nicht bebauen; er hat deshalb sechs Frauen. Alle, die nur eine Frau haben, können auch nur ein kleines Feld bearbeiten; die bleiben arm, und die Alten der Sippe müssen hungern. ...
Ich habe viele alte Männer und Frauen gesehen, die, von ihren Söhnen und Töchtern verlassen, im halbverfallenen Kral saßen, weil unsere Kinder Christen sind. Die Alten hatten noch an die Kalungas geglaubt, an die Seelen Verstorbener, die sie als Holzfigur anbeteten. Sie hatten noch ihre Feste gefeiert. Die Männer und Frauen hatten noch nächtelang zum Klang großer Trommeln getanzt. Sie hatten noch durch Schlachten eines Kalbes den Regen angelockt. Dann wurden die Kalungas von den Missionaren verbrannt, dazu die Trommeln und der heidnische Schmuck. Die Feste wurden verboten; es wurde mit der Hölle gedroht. Alles sollte mit einem Male ein Ende haben."

B7: Niederschlagung des Hereroaufstandes durch deutsche Kolonialtruppen

- Was möchte die Karikatur B4 aussagen? Gibt es heute ähnliche Karikaturen?
- Beurteile die Aussagen von Cecil Rhodes (Qu2) und stelle sie den afrikanischen Quellen (Qu1 und Qu5) gegenüber.
- Wie werden in Qu3, Qu4 und B7 die Herero dargestellt, wie die Deutschen?
- Sitten und Bräuche: Diskutiert über B5 und B6.

Auf der Suche nach den letzten unbekannten Gebieten Afrikas

David Livingstone erforscht den Oberlauf des Nils.

1866 begab sich David Livingstone in den Afrikanischen Busch, um die Quelle des Nils ausfindig zu machen. Fünf Jahre später begann der amerikanische Journalist Henry Morton Stanley die Suche nach dem bereits für tot gehaltenen Livingstone. Von Sansibar aus reiste er acht Monate lang von der Küste nach Ujiji. Am 10. November sah Stanley den weiten Tanganjikasee und den Hafen von Ujiji mit seinen Palmen vor sich. Was Stanley nicht wusste – Livingstone war gerade dort angekommen. In seinem Buch „Wie ich Livingstone fand" beschrieb Stanley, wie er seinen Weg durch eine dichte Menschenmenge hindurch bahnen musste.

Qu1: Wie ich Livingstone fand:

Plötzlich hörte ich eine Stimme rechts von mir sagen: „Guten Morgen, Sir." Völlig überrascht von dieser Begrüßung inmitten einer Menge Schwarzer drehte ich mich jäh herum und sah neben mir den Mann mit dem schwärzesten aller Gesichter, aber lebendig und fröhlich – ein Mann, in langes, weißes Tuch gekleidet und mit einem Turban aus amerikanischem Stoff auf seinem Wollkopf. Ich fragte: „Wer zum Teufel sind Sie!" „Ich bin Susi, der Diener von Dr. Livingstone", sagte er lächelnd, wobei er eine schimmernde Reihe Zähne zeigte. „Was! Ist Dr. Livingstone hier?" „Ja, Sir." „In diesem Dorf?" „Ja, Sir." „Sind Sie sicher?" „Ganz sicher, Sir. Ich komme gerade von ihm." Susi rannte sofort los, um den Doktor von meiner Ankunft zu informieren, und nach einem Augenblick des Zweifelns kam Livingstone auf seine Veranda, um mich zu begrüßen. Als ich langsam auf ihn zuging, bemerkte ich, dass er blass und erschöpft aussah. Er hatte einen grauen Bart und trug eine bläuliche Kappe mit einem ausgeblichenen Goldfaden, eine rote Weste und graue Tweedhosen. Ich wäre stracks zu ihm hingerannt, aber in Gegenwart des Gesindels traute ich mich nicht. Es hätte ihn vielleicht geniert, und ich war nicht sicher, wie er – als Engländer – mich empfangen würde. So tat ich, was mir meine Schüchternheit und mein falscher Stolz als das Beste suggerierten – ich ging bedächtig auf ihn zu, nahm meinen Hut ab und sagte: „Dr. Livingstone, nehme ich an?" „Ja", sagte er mit einem freundlichen Lächeln und lüftete leicht seine Kappe. Ich setzte meinen Hut wieder auf, er setzte seine Kappe wieder auf, und wir schüttelten Hände.

Karte1: Die Hauptwege der Forscher Stanley, Livingstone, Speke und Burton

- Spielt die Szene „Wie ich Livingstone fand" nach.
- Gestaltet Plakate zu den Afrikaforschern Stanley, Livingstone, Speke und Burton.
- Schaut im Atlas nach, welche Staaten es heute in Zentralafrika gibt.
- Welche Rohstoffe hat man in dieser Region gefunden?
- Forsche nach, welche Konflikte es in jüngster Vergangenheit in diesem Gebiet gab. Wie sieht die politische und wirtschaftliche Lage heute aus?

Mithilfe von Geschichtskarten zu verschiedenen Zeiten in Gegenden unserer Welt reisen

Karten werden nicht nur im Geografieunterricht verwendet. Auch in Geschichte helfen sie uns bei der Orientierung.

Immer wieder wirst du in deinen Geschichtsbüchern Landkarten finden, die dir etwas über die Geschichte eines bestimmten Raumes in einer bestimmten Zeit erzählen.
Meist sind Geschichtskarten aber komplizierter aufgebaut und daher schwieriger zu interpretieren. Beachtest du folgende Hinweise, wirst du auch mit diesen Karten keine Verständnisprobleme haben:

- Entschlüssle mithilfe der Legende die Zeichensprache dieser Karte.
- Ist ein Maßstab angegeben, kannst du Entfernungen zwischen Orten angeben.
- Stelle fest, welchen Ausschnitt der Welt diese Geschichtskarte behandelt. An dieser Stelle ist oft ein Vergleich mit dem Geografieatlas angebracht.
- Namen und Jahreszahlen in der Karte helfen dir beim Verständnis der Karte.
- Verschiedene Farben kennzeichnen zusammengehörende Gebiete und Staaten.
- Pfeile und Symbole veranschaulichen Wichtiges.

- Kennzeichne mit Farben die Kolonialbesitzungen.
- Untersuche die Karte mithilfe der Arbeitshinweise und fasse die wichtigsten Informationen, die du aus diesen Karten herausgefunden hast, mit eigenen Worten zusammen.
- Welche Arten von Landkarten kennst du? Beschreibe die Art und den Zweck dieser Karten und die wesentlichen Unterschiede. Verwende dazu deinen Atlas.

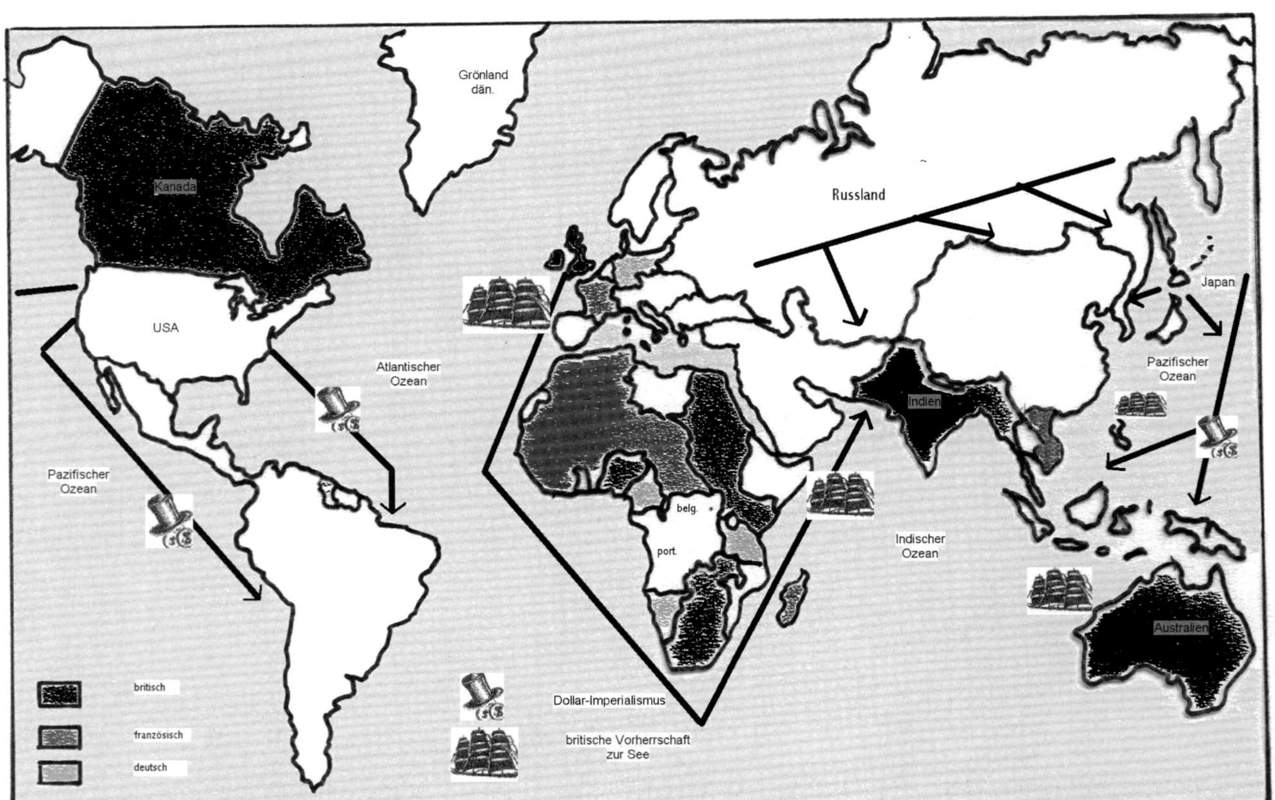

Karte1: Die koloniale Aufteilung der Welt um 1914

Expeditionen in unerforschte Erdteile

An der Wende vom 19. zum 20 Jahrhundert wurden die letzten unberührten Flecken der Erde von mutigen Männern erforscht. Abenteuerlust, Entdeckergeist und das Streben nach Ruhm trieben diese Forscher voran. Mancher von ihnen bezahlte allerdings seinen Einsatz mit dem Leben.

B1: Roald Amundsen

B2: Julius Payer und Karl Weyprecht in der Arktis

B3: Sven Hedin

B4: Das Treffen zwischen Morton Stanley und David Livingstone am 10. November 1871.

B5: Georg Schweinfurth

B6: James Cook

- Sammelt mithilfe von Lexika und dem Internet Informationen, um Steckbriefe zu den oben erwähnten Entdeckern zu schreiben. Bei euren Recherchen findet ihr sicherlich auch Interessantes von andern Forschern dieser Zeit.
- Ordne jedem Entdecker eine Farbe zu und markiere mit dieser den erforschten Teil der Welt.
- Einer der hier abgebildeten Entdecker stammt nicht aus dem 19./20. Jahrhundert. Was entdeckte er wann?

Karikaturen – mit kritischen Augen Geschichte betrachten

Karikaturen sind gezeichnete Bilder, die sich kritisch, meist abwertend und absichtlich übertrieben mit einem geschichtlichen Ereignis auseinandersetzen. Diese Zeichnungen zeigen ihre Absichten offen, verzerren, verspotten ganz bewusst und lenken daher die Aufmerksamkeit des Betrachters auf ein bestimmtes Problem.
Um Karikaturen richtig verstehen und interpretieren zu können, müssen aber immer einige Schritte zur richtigen Deutung beachtet werden.

Versuche nun die Karikaturen nach folgenden Gesichtspunkten zu analysieren.

- Welche Personen stehen im Mittelpunkt?
- Welche Handlung steht im Zentrum der Karikatur?
- Wie sind die Personen dargestellt? Folgende Eigenschaftswörter können dir bei der Beschreibung hilfreich sein: dick, dünn, verfremdet, bedrohlich, hilflos, lächerlich, komisch und viele andere mehr.
- Spielt die Kleidung bei der Beschreibung der Karikatur eine Rolle?
- Welche Bedeutung haben die im Bild erkennbaren Gegenstände: Sind sie nur Gestaltungselement? Bilden sie den Kern der Aussagen der Karikatur?
- Ist ein Text im Bild oder als Bildunterschrift vorhanden und welchen Zweck erfüllt er?

Hast du alle diese Fragen beantwortet, ist es natürlich wichtig, Informationen zu erlangen, auf welche historischen Ereignisse diese Karikaturen Bezug nehmen.

B1: „Wie sollen wir uns die Hand geben?" Karikatur zum Flottenwettrüsten in der satirischen Zeitschrift „Simplicissimus", 1912

- Suche im Wörterbuch oder in Lexika Begriffsklärungen zum Begriff Karikatur.
- Kreise jene Teile der Karikaturen ein, die du für wesentlich hältst. Analysiere die Zeichnungen nach den vorher beschriebenen Kriterien.
- Vergleiche Karikaturen der Gegenwart aus Tageszeitungen mit den Karikaturen in diesem Heft.

B2: „Vom Kap bis Kairo" – Diese Karikatur zeigt Cecil Rhodes (englischer Politiker und Geschäftsmann). In seinen Händen sind die Drähte der neuen Telegrafenverbindung zu sehen.

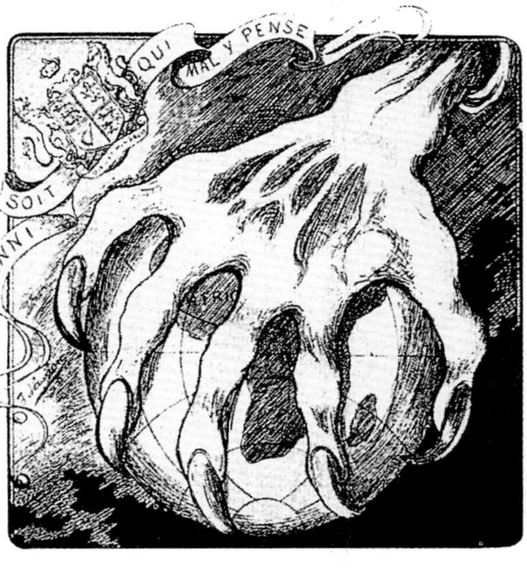

B3: „Englands Griff nach der Weltherrschaft" – franz. Karikatur, 1899
„Honni soit qui mal y pense" ist die französische Aufschrift über dem englischen Hosenbandorden. Im deutschen Sprachgebrauch üblich ist die Übersetzung: „Ein Schelm, der Böses dabei denkt."

Karikaturen-Puzzle

Auf dieser Seite findest du zwei Karikaturen. Setze sie zusammen und klebe sie in dein Geschichteheft.

A Passage to India

The author, Edward Morgan Forster (1879 – 1970), was born in London. His father died when he was one year old, and he grew up with his mother and aunts. He went to Tonbridge Schooll and King's College, Cambridge. He hated Tonbridge School. He was never accepted there. After he graduated in 1901, he travelled to Italy and Greece with his mother. In 1912-13, Forster visited India for seven months. He was disgusted by the way the British there treated Indians. When he returned to England, he began ‚A Passage to India' but, after writing the first few chapters, he stopped. Over the next nine years, political and personal disasters radically changed Forster's views of life. World War I and the Amritsar Massacre, (General Dyer, a British officer, commanded his troops to open fire on a crowd of unarmed Indian civilian protesters in the town of Amritsar. 379 people were killed and 1 200 were injured.) were causes of Forster's growing pessimism. He went to India again in 1921-22. Back in England, he resumed work on ‚A Passage to India', but now his views were very different from what they had been in 1913. In a 1922 letter to an Indian friend he wrote, „When I began the book I thought of it as a little bridge of sympathy between East and West, but this conception has had to go, my sense of truth forbids anything so comfortable." The novel was finaly published in 1924 – and he never wrote another novel.

„Hamidullah!" cried the young man. „Am I late?" „Do not apologise," replied his host. „You are always late." „Yes, but has Mahmoud Ali eaten all the food? Mahmoud Ali, how are you?" „Thank you, Dr. Aziz, I am dying." „Dying before dinner? Poor Mahmoud Ali!" „We are having a very sad talk," said Hamidullah. „We were discussing whether it is possible to be friends with an Englishman. Mahmoud Ali says no, but I say yes." „For example," said Mahmoud Ali, „the red-nosed boy has insulted me again in court. I don't blame him. Until recently he was quite a nice boy, but the others have influenced him."

„I agree that you can't be friends with them here," said Hamidullah. „Only in England. Years ago, at Cambridge, Mr. and Mrs. Bannister were my dearest friends! And when the English first come out here, they can be quite nice. You won't believe me, but Turton and I were quite intimate when he first arrived. He showed me his stamp collection. When any Englishman comes to India he is pleasant for two years. Englishwomen are only pleasant for six months."

Hamidullah called out, „When will dinner be ready?" The servants shouted back that it was ready. They meant that they wished it was ready. Everybody understood this, so nobody moved.

„When I was at Cambridge," said Hamidullah, „I stayed with Mr. and Mrs. Bannister during the vacations. I often took their children out. I remember taking little Hugh to Queen Victoria's funeral."

„Queen Victoria was different," murmured Mahmoud Ali. „Let's not talk about the English," said Aziz. „Queen Victoria and Mrs. Bannister were the only nice ones, and they're both dead." „No, I have met others," said Hamidullah. „So have I!" said Mahmoud Ali, and the *mood* changed. They recalled little kindnesses and courtesies, but after a while they could think of no more examples.

A servant announced dinner. They ignored him. „Come and see my wife," said Hamidullah to Aziz. *Hamidullah Begum* was Aziz's aunt, so he was allowed behind the *purdah*. *Hamidullah Begum* talked to Aziz for a long time. She said he should marry again. If men do not marry, she argued, women will never have the joys of being a mother. Aziz did not wish to discuss marriage. He had been married once, but his wife had died. His three children now lived with their grandmother. Respectful but irritated, Aziz told his aunt, „Once is enough."

Hamidullah and Aziz left the ladies and sat down to dinner with Mohammed Latif, a poor relative who lived with Hamidullah. This gentle, happy, and dishonest old man had never worked in his life. Aziz *teased* him a little, then started reciting poetry: Persian, *Urdu*, a little Arabic. As they listened to the poetry, India seemed to be united and their own. A servant interrupted them and gave Aziz a note. „Dr. Callendar wants to see me," said Aziz in disgust.

Aziz rode off at high speed, but on the way *one* of his tyres *went flat*, and Aziz had to look for a *tonga*. As the *tonga* entered the *Civil Station*, Aziz felt suddenly depressed. The roads – named after victorious English generals and intersecting at right angles – were symbolic of the net Great Britain had thrown over India. Feeling caught in the net, Aziz rang the doorbell of the *Civil Surgeon's* house. The *Civil Surgeon* was out.

„But surely he left me a message," said Aziz. The servant said no. Just then, two English ladies came out. Aziz raised his hat, but the ladies ignored him. Turning to her friend, Mrs. Callendar said, „There's a *tonga*, Mrs. Lesley!" „Is it ours?" asked Mrs. Lesley. „Take the gifts the gods provide!" and the two ladies climbed onto the *tonga*. „Club!" called Mrs. Callendar to the driver. Aziz said to the driver, „Go. I will pay you tomorrow." As the *tonga* drove off, Aziz cried, „You're welcome, ladies!" They did not reply.

He walked quickly down the hill away from the *Civil Station*, and entered a mosque to rest. He had always liked this mosque. He sat on the wall and looked into three arcades whose darkness was illuminated by the moon. Here was Islam, his own country. It was more than a faith – it was an exquisite and durable attitude to life, where his body and his thoughts found their home. „One day," he thought, „I too will build a mosque. I will be buried there, and above my tomb will be a Persian inscription:

Sadly, without me far a thousand years
The Rose will blossom and the Spring will bloom,
But those who have secretly understood my heart
Will approach and visit the grave where I lie."

The secret understanding of the heart! He repeated the phrase with tears in his eyes, and as he did so one of the *pillars* of the mosque seemed to move. Then an Englishwoman stepped out into the moonlight. Suddenly he was furious. „Madam!" he cried. „Oh!" „Madam, this is a mosque. You have no right to be here. You should have taken off your shoes." „I have taken them off." „You have? Then I beg your pardon. Ladies often forget, especially if they think that no one is here to see." „That makes no difference. God is here." „Madam! Oh, can I be of service to you now or at any time? May I know your name?" She was now in shadow, so he could not see her face, but she saw his and said in a gentler voice, „Mrs. Moore." He walked towards her and saw that she was old, with a red face and white hair. „Mrs. Moore, I'm afraid I surprised you. I shall tell our community about you. I think you are newly arrived in India." „Yes – how did you know?" „By the way you address me. Can I call you a *tonga*?" „No. I walked here from the Club. They are doing

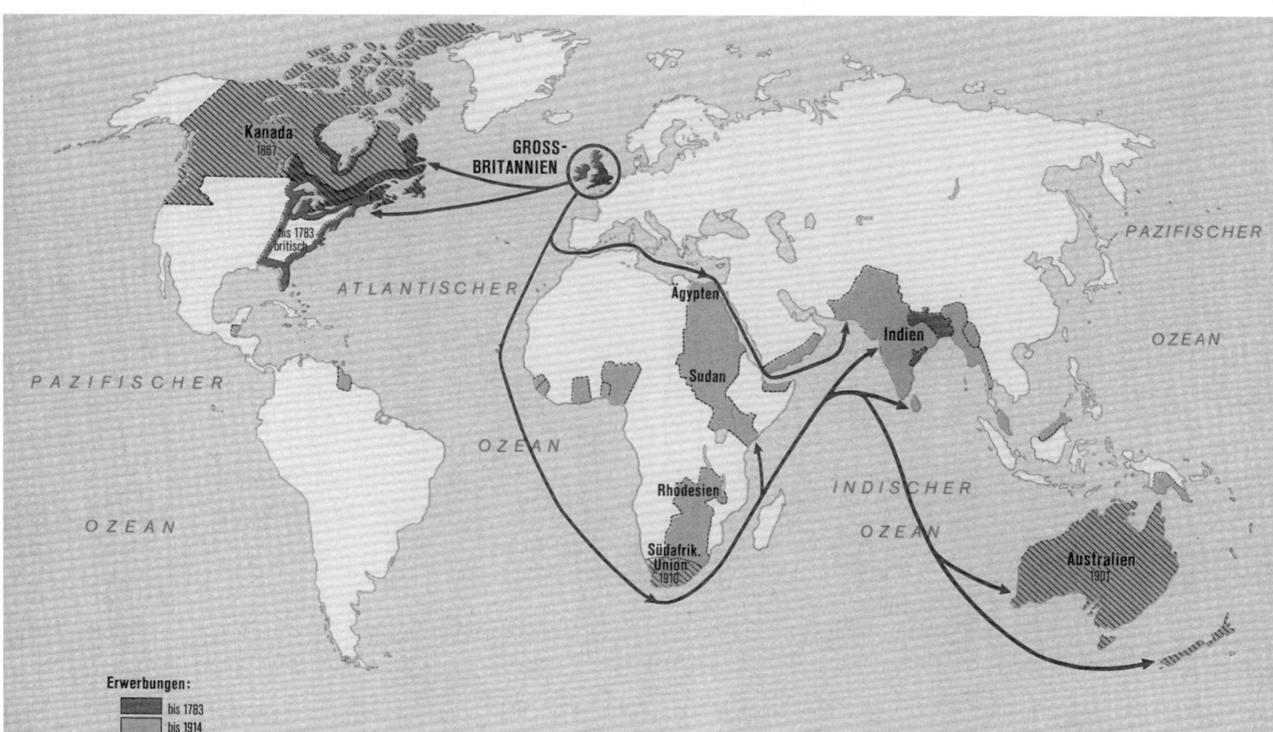

Karte1: Die Entwicklung des Britischen Weltreichs

Rücksichtsloses Streben nach Vorherrschaft (2)

a play that I have already seen." „You should not walk alone at night, Mrs. Moore. There are bad characters about, and leopards and snakes may come from the Marabar Hills." „But you walk alone," said Mrs. Moore. „Oh, I am used to it." „Used to snakes?" They both laughed. „I am a doctor," he said. „Snakes won't bite me." They sat down in the entrance and put on their shoes. „Tell me, Mrs. Moore, why have you come to Chandrapore?" „To visit my son, the City Magistrate." „But our City Magistrate's name is Mr. Heaslop." „Yes. I was married twice." „And your first husband died?" „Yes, and so did my second husband." „And have you any other children?" „I have two younger ones – Ralph and Stella. They are in England." „What a coincidence! I too have two sons and a daughter." „What are their names? Not Ronny, Ralph and Stella?" The suggestion delighted him. „No, indeed. My children are called Ahmed, Karim and Jamila."

They rose to leave. „If you like," said Aziz, „I will show you the Minto Hospital. I have nothing else to offer." „I'm sorry. I have seen it already. Mrs. Callendar took me." His voice became sarcastic. „Mrs. Callendar! A very charming lady!" „I don't find her charming." „She has just taken my *tonga*!" cried Aziz. „And every night her husband interrupts me when I am dining with my friends. I go immediately, but he is not there and does not even leave a message!"

She listened. He was excited partly by the insults he had received but much more by the knowledge that someone sympathised with him. Though his words were angry, his heart was happy. „You understand me!" he said. „You know what I feel! If only others resembled you!" Rather surprised, she replied, „I don't think I understand people very well. I only know whether I like or dislike them." „Then you are an Oriental." He walked back to the Club with her. At the gate, she invited him in. „Indians are not allowed in," he said, but his voice was no longer angry. …

- Describe the relations between Indians and English.
- Dr. Aziz tells Mahmoud Ali about Mrs. Moore. Write a dialogue!

mood = atmosphere; feeling

Hamidullah Begum = Mrs. Hamidullah

purdah = curtain that separates the women's part of the house from the men's

teased = made fun of

Urdu = the official language of present-day Pakistan

one ... went flat = there was a hole in the tyre, so the air came out

tonga = horse-drawn taxi

Civil Station = the residential area for the English people living and working in India

Civil Surgeon = a British army doctor and director of the hospital

pillars = columns

B1: British family

Großbritannien und der indische Subkontinent

Qu1: Indiens Stellung im British Empire

Lord Curzon, 1898–1905 Vizekönig von Indien, berichtet in einem Vortrag vor der Philosophischen Gesellschaft in Edinburgh am 19. Oktober 1909:

„Betrachten wir zuerst, welchen Platz Indien in der britischen Politik und der Ausdehnung der britischen Herrschaft eingenommen hat: ... Die Zentrallage Indiens, seine mächtigen Hilfsquellen, seine stets zunehmenden Menschenmassen, seine großen Handelshäfen, sein Vorrat an militärischer Kraft, die uns eine Armee liefert, die dauernd auf einem hohen Stande der Kriegsbereitschaft ist und jeden Augenblick nach irgendeinem Punkte Asiens oder Afrikas geworfen werden kann – all dies beweist unwiderleglich seinen überragenden Wert. ... Seine Volksmasse liefert uns die Arbeitskräfte, um unsere Länder, die wir überall auf der Erdkugel besitzen, auszubeuten. ... Unser Indien ist ein Hauptfeld für die Verwendung britischen Kapitals; denn es liefert uns im Überfluss das Rohmaterial für einen großen Teil unserer Industrie und bedeutende Mengen an Nahrungsmitteln. ... Nicht weniger als ein Zehntel unseres gesamten Handels geht durch die indischen Seehäfen, und dieser Überseehandel umfasst mehr als ein Drittel des Handels, der sich außerhalb des eigentlichen England abwickelt; er ist größer als der Australiens und Kanadas zusammengenommen, und innerhalb unseres Reiches steht der indische Überseehandel nur dem im Vereinigten Königreich selbst nach. Indien ist der bedeutendste Lieferant für Nahrungsmittel und Rohmaterial unseres Reiches und die Hauptkornkammer Großbritanniens: Seine Einfuhr nach dem United Kingdom in Weizen, Mais und Mehl übertrifft noch die Kanadas und ist doppelt so groß wie die Amerikas. Gleichzeitig ist Indien der beste Käufer für englische Erzeugnisse, insbesondere für Baumwollwaren. ..."

(Gekürzt)

Qu2: Die Armut Indiens

1902 schrieb Dadabhai Naoroji, der als erster Inder ins Unterhaus gewählt worden war, in einer in London erscheinenden Zeitschrift über die Ursachen der Armut Indiens:

„Ungefähr 200 Millionen Rupien werden zur Zeit pro Jahr dem indischen Volk genommen, um die Gehälter und Pensionen europäischer Beamter innerhalb und außerhalb Indiens zu bezahlen. Die Geldmenge, die nach England abfließt, stellt einen völligen wirtschaftlichen Verlust dar. Was in Indien ausgegeben wird, trägt zum Verbrauch der Ausländer bei, lässt aber die Landeskinder weiterhin darben. Ein Teil des Geldes, das nach England abfließt, kommt im Gewande des sogenannten ‚britischen Kapitals' wieder nach Indien zurück und dient dort der weiteren Ausbeutung der Arbeitskräfte und des Landes. ... Außer diesem rein wirtschaftlichen Aspekt des Verlustes an Geld muss auch noch der weit bedauerlichere Verlust all jener Arbeitsstellen ziviler und militärischer Art genannt werden, die ... den Europäern vorbehalten werden. Dies bedeutet einen Verlust an Erfahrung und Ausbildung, eine moralische Schröpfung, die nicht weniger beklagenswert ist als der Verlust an Geld. ..."

(Gekürzt)

Qu3: Passiver Widerstand

Aus Gandhis Buch „Hind Swaraj" („Indische Selbstregierung"), 1909:

„Die Engländer haben Indien nicht genommen, wir haben es ihnen gegeben. Sie sind nicht in Indien auf Grund ihrer Stärke, sondern weil wir sie dort behalten. ... Wir werden die Freiheit erlangen, wenn wir lernen, uns selbst zu beherrschen. Wir brauchen nur zuzugreifen. Diese Freiheit ist kein Traum. Wir brauchen daher nicht zu warten. ... Doch solche Freiheit muss von jedem einzelnen am eigenen Leibe erfahren werden. Ein Ertrinkender kann nie einen Ertrinkenden retten. ... Passiver Widerstand ist eine Methode der Erringung von Rechten durch persönliches Leiden: Es ist das Gegenteil von bewaffnetem Widerstand. Wenn ich mich weigere, etwas zu tun, das gegen mein Gewissen geht, dann setze ich meine Seelenstärke ein. Nehmen wir an, die Regierung hat ein Gesetz erlassen, das mich betrifft, das ich jedoch nicht billigen kann. Wenn ich die Regierung durch Gewaltanwendung dazu zwinge, das Gesetz zu widerrufen, wende ich sozusagen die Stärke meines Körpers an. Wenn ich jedoch das Gesetz übertrete und die Strafe für diese Übertretung auf mich nehme, dann wende ich meine Seelenstärke an. Es geht dabei um die Selbstaufopferung. ... Auf Grund meiner langen Erfahrungen glaube ich, dass jemand, der für sein Vaterland passiven Widerstand leisten will, vollkommene Keuschheit bewahren muss, freiwillige Armut auf sich nehmen muss, der Wahrheit folgen muss und sich zur Furchtlosigkeit erziehen muss. ..."

(Gekürzt)

Rücksichtsloses Streben nach Vorherrschaft (2)

B2: Einen scharfen Kontrast zu dem von den Briten zur Schau gestellten Luxus bildete das Elend der verarmten indischen Bauern. Den verheerenden Hungersnöten von 1876, 1896 und 1899 fielen zahlreiche Menschen zum Opfer; Karikatur aus den „Lustigen Blättern" (1897) zu der Hungersnot in Indien, die Königin Viktoria veranlasst, eine Brezel den vielen Armen zu schenken.

- Nenne anhand von Qu1 Beispiele für die Bedeutung Indiens aus britischer Sicht.
- Handelswege müssen geschützt werden. Betrachte die Karte des British Empire (Seite 29) und überlege, welche Besitzungen deiner Meinung nach auch aus strategischer Sicht bedeutend sind.
- Überlege, ob die Aussagen von Qu2 auch für andere Länder des British Empire gelten.
- Wie sieht heute die wirtschaftliche Lage in den ehemaligen europäischen Kolonialgebieten aus? Informiert euch!
- Was meint Gandhi in Qu3 mit dem Satz „Ein Ertrinkender kann nie einen Ertrinkenden retten."?
- Was will die Karikatur (B2) aussagen? Verwende dazu die Anleitungen von Seite 26.
- Wie sind die Reichtümer in der Welt heute verteilt?

Die Schauplätze des Imperialismus

Setze die Namen der Staaten ein, die in den angegebenen Kontinenten Kolonien besaßen oder erwarben.

Afrika

Asien

Gib Gründe an, die europäische Staaten veranlasst, Kolonialpolitik zu betreiben!

B5: Irgendwo in Afrika

Diskutiert über die Aussage dieser Karikatur!

Und was wäre gewesen, wenn ...?

Was wäre gewesen, wenn man zum Beispiel eine Frau wie die österreichische Baronin Bertha von Suttner (1843–1914) ernst genommen hätte? Die Nachricht von ihrem Tod hatte nur wenige Tage vor den Schüssen von Sarajewo in Zeitungen der ganzen Welt gestanden. Mit ihr starb eine Frau, die nach Umfragen die bekannteste Europäerin ihrer Zeit war. Warum das so war, zeigt vielleicht das folgende Ereignis aus ihrem Leben.

Es war im Winter 1890/91. Das Ehepaar Arthur Gundaccar und Bertha von Suttner, sonst ständig in Geldschwierigkeiten, war plötzlich zu einem kleinen Vermögen gekommen. Warum, will ich noch nicht sagen, weil ich sonst meiner Geschichte die Überraschung nehmen würde. Mit dem Geld konnten sie sich einen Wunsch erfüllen, den sie schon lange gehegt hatten, nämlich einen ganzen Winter in Venedig zu verleben. Sie bewohnten einen kleinen, hübsch bemalten Palazzo und genossen es, sich in der eigens gemieteten Gondel durch die Stadt fahren zu lassen, wo sie in diesem Winter zahlreiche Bekannte aus aller Welt wieder trafen. Denn Bertha von Suttner hatte in Europa und weit darüber hinaus einen Namen. Auch viele Fremde suchten ihre Bekanntschaft. So war es denn kein Wunder, dass eines Morgens, als das Ehepaar beim Frühstück war, der Hausdiener hereinkam und der Baronin eine Besuchskarte überreichte. Ein gewisser Felix Moscheles aus London wünschte, sich ihr vorstellen zu dürfen.

Natürlich war man bereit, den Gast zu empfangen, und Baron Arthur von Suttner ging hinaus in die Vorhalle, um ihn hereinzubitten. Er begrüßte den Fremden mit den Worten: „Es wird meine Frau sehr freuen, Sie kennenzulernen." Hierüber hätte sich nun an und für sich Herr Moscheles freuen müssen, statt dessen war seine Reaktion mehr als merkwürdig. Einen Moment war er sprachlos, dann sagte er, offensichtlich völlig verwirrt: „Wie? Was? Sie wollen Baron Suttner sein? Sie sind also nicht tot? Sie sind ja doch nicht in Paris erschossen worden?" Der Baron, der sich noch sehr lebendig vorkam, entschuldigte sich, höflich wie er war, dass er noch am Leben sei, und führte den Gast zu seiner Frau.

Des Rätsels Lösung? Der Grund für den Besuch von Felix Moscheles im Hause der Suttners war, dass er die Verfasserin eines Romans kennenlernen wollte, der ihn kurz zuvor ungemein beeindruckt hatte. Das Buch hieß „Die Waffen nieder!", und mit ihm war Bertha von Suttner im Jahr 1889 auf einen Schlag in

B1: Bertha von Suttner

ganz Europa bekannt geworden. Durch ihn hatte sie auch das Geld verdient, das ihnen den Winter in Venedig ermöglichte.

Der Roman erzählt die Lebensgeschichte einer Wiener Baronin. Ihr erster Mann, ein Husarenleutnant, fällt 1859, als sie gerade 19 Jahre alt ist. Einige Jahre später heiratet sie erneut. Auch ihr zweiter Mann muss in den Krieg, kehrt heil zurück, wird erneut eingezogen und vermisst. Auf der Suche nach ihm im Kampfgebiet erlebt die Baronin die Grauen der Schlacht, die ihr Mann zuvor schon in eindringlichen Briefen aus beiden Kriegen geschildert hat, selbst mit. Ihr Mann kehrt zwar verwundet in die Heimat zurück, aber durch den Krieg wird die Cholera in die Heimat der Baronin eingeschleppt. Hierdurch verliert sie drei Geschwister; ihr Vater bricht darüber zusammen und stirbt ebenfalls. Als ihr Mann dank einer Erbschaft aus dem Militärdienst ausscheiden kann, setzen sie sich beide, wo sie nur können, für den Frieden ein. Den Ausbruch des Deutsch-Französischen Kriegs 1870 erleben sie in Paris mit. Hier wird ihr Mann, nur weil er aus einer preußischen Familie stammt, für einen Spion gehalten und erschossen. Die Baronin ist verzweifelt, beschließt aber, für ihre beiden Kinder weiterzuleben und sich von nun an unermüdlich dafür einzusetzen, dass Auseinandersetzungen zwischen Völkern nur noch mit friedlichen Mitteln beigelegt werden.

Diesen Roman hatte Felix Moscheles, selbst ein begeisterter

Anhänger der Friedensbewegung, für die Lebensgeschichte von Bertha von Suttner gehalten, und er war einigermaßen entsetzt, dass die verehrte Baronin nach dem Verlust von zwei Männern nun offensichtlich ein drittes Mal geheiratet hatte. Der Irrtum wurde aufgeklärt, und nachdem sie sich einmal kennengelernt hatten, arbeiteten Bertha von Suttner und Felix Moscheles in der Friedensbewegung eng zusammen.

Der Roman „Die Waffen nieder!" mit seiner Anklage gegen jeden Krieg war schon etwas in einer Zeit, in der die Kinder sich vom Weihnachtsmann noch „Trommeln, Pfeifen und Gewehr, Fahne, Säbel und noch mehr, ja ein ganzes Kriegesheer" erhofften. Kein Wunder, dass Bertha von Suttner Mühe hatte, einen Verleger zu finden, der mutig genug war, es herauszubringen. Aber als das Buch einmal erschienen war, war sein Siegeszug unaufhaltsam. Eine Auflage erschien nach der anderen, in zahlreiche Sprachen wurde es übersetzt, zahlreiche Menschen ließen sich von ihm beeindrucken. Mit Stolz erzählt Bertha von Suttner zum Beispiel in ihren Lebenserinnerungen von der Begegnung mit einem Studenten aus Schweden, der ihr sagte, dass er fest vorhatte, eine militärische Laufbahn einzuschlagen, aber sich nach der Lektüre ihres Buches eines anderen besonnen hatte.

Andere dagegen bekämpften Bertha von Suttner gerade deswegen erbittert. Nicht nur, dass sich hier jemand erdreiste, Ideale wie Tapferkeit und Heldenmut in Zweifel zu ziehen, nein, dieser jemand war auch noch eine Frau! „Die Waffen hoch! – Das Schwert ist Mannes eigen; wo Männer fechten, hat das Weib zu schweigen", reimte einer der Kritiker. In zahlreichen Karikaturen wurde Bertha von Suttner wegen ihrer Friedenssehnsucht verspottet; ausgerechnet der größten Kanone gab man in Deutschland den Namen „Dicke Bertha".

Bertha von Suttner ließ sich von all dem nicht beeindrucken. Sie setzte sich dafür ein, dass überall Friedensgesellschaften gegründet wurden, und sie konnte auch den schwedischen Industriellen Alfred Nobel, Erfinder des Dynamits, dazu bewegen, in seinem Testament nicht nur Nobelpreise für Physik, Chemie, Medizin und Literatur auszusetzen, sondern auch einen für denjenigen, „der am besten für die Verbrüderung der Menschheit gewirkt hat". Die ersten Träger dieses Friedensnobelpreises waren 1901 der Franzose Frederic Passy und der Schweizer Henri Dunant, der Begründer des Roten Kreuzes. Bertha von Suttner erhielt den Preis im Jahre 1905.

In Den Haag wurde ein ständiger Schiedshof eingerichtet, der in internationalen Streitfragen vermitteln sollte.

Bertha von Suttner, die kurz vor Ausbruch des Kriegs starb, war eine bewundernswerte Frau, eine große Europäerin! Auch wenn sie und ihre Mitstreiterinnen und Mitstreiter damals noch so in der Minderheit waren, dass sie die beiden großen Weltkriege dieses Jahrhunderts nicht verhindern konnten, so überdauerten ihre Ideen diese Kriege doch. Wenn heute in Europa junge Männer das Recht haben, aus Gewissensgründen den Kriegsdienst zu verweigern, so sollten sie hierfür dieser Baumeisterin Europas dankbar sein.

B2: Attacke des Husarenregiments Nr. 12 in der Schlacht von Solferino am 24. Juni 1859. Auch Kaiser Franz Joseph I. nahm an dieser Schlacht als Oberkommandierender teil.

- Nenne Organisationen, die sich für den Frieden einsetzen.
- Forsche nach, was die „Genfer Konvention" besagt.
- Womit beschäftigt sich zur Zeit der Gerichtshof in Den Haag?

Einsatz für mehr Menschlichkeit

Die Furcht der Menschen vor Krieg ist so alt wie die Sehnsucht nach Frieden. Aus diesem Grund haben sich Eroberer gern als Friedensbringer feiern lassen. Durch die technische Entwicklung wurde die Kriegsführung immer grausamer, die Verluste an Menschen wurden immer größer.
Mitte des 19. Jahrhunderts war die Engländerin Florence Nightingale die erste, die im Krimkrieg mit einigen Helferinnen die Soldaten pflegte.

Qu1: Aus einem Brief von Florence Nightingale:
Skutari, November 1854
Am letzten Donnerstag hatten wir 1415 Kranke und Verwundete in diesem Spital, als die Botschaft kam, ich solle für 510 Verwundete Vorkehrungen treffen, die von dem schrecklichen Gefecht am 5. November kommen. Wir hatten nur eine halbe Stunde Zeit, bis die Ausschiffung der Verwundeten begann. Zwischen 1 und 9 Uhr haben wir die Matratzen gestopft, zugenäht, gelegt, dann die Leute gewaschen, zu Bett gebracht und alle Wunden verbunden.
(Gekürzt und vereinfacht)

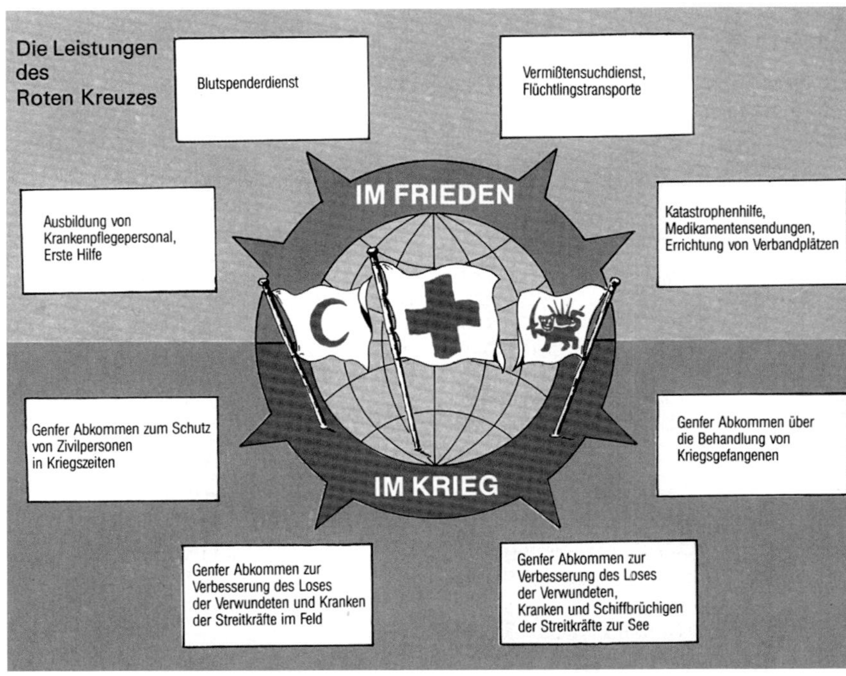

Grafik1: Die Leistungen des Roten Kreuzes

- Besprecht anhand der Grafik die Aktivitäten des Roten Kreuzes.

Wusstest du, dass...

- die Friedensaktivistin noch mit fünfzig Jahren das Fahrradfahren erlernte?

Qu2: Das Rote Kreuz wird gegründet
Henri Dunant, ein Schweizer Kaufmann, kam 1859 auf einer Geschäftsreise in das Kriegsgebiet von Solferino. Das grausame Sterben der Verwundeten auf dem Schlachtfeld erschütterte ihn. Drei Tage und drei Nächte lang leistete er Hilfe, unterstützt von opferwilligen Frauen und Männern aus den umliegenden Dörfern. Nach Genf zurückgekehrt, verfasste er die Schrift „Eine Erinnerung an Solferino", aus der folgender Ausschnitt stammt:
Auf den Steinplatten der Spitäler und Kirchen von Castiglione waren nebeneinander Leute aller Nationen, Franzosen und Araber, Deutsche und Slawen niedergelegt worden; manche einstweilen in der Ecke einer Kapelle untergebrachte Leute hatten nicht mehr die Kraft, sich zu bewegen oder konnten in dem engen Raume sich nicht rühren. Flüche, Lästerworte und Geschrei hallten in den heiligen Räumen wider. „Ach, mein Herr, wie leide ich!", sagten einige dieser Unglücklichen zu mir. „Man gibt uns auf, man lässt uns elend sterben, und doch haben wir uns ja wacker geschlagen!" Trotz der Mühen, die sie ausgestanden, trotz der schlaflosen Nächte konnten sie jetzt keine Ruhe genießen. In ihrer Verzweiflung riefen sie die Hilfe eines Arztes an oder schlugen wild um sich, bis der Starrkrampf und der Tod ihrem Leben ein Ende machten.
(Gekürzt und vereinfacht)

Der Nobelpreis

Die Österreicherin Bertha von Suttner schrieb 1889 den Roman „Die Waffen nieder!". Das Werk erregte großes Aufsehen. Damals wurde es noch als Skandal angesehen, wenn sich Frauen politisch betätigten. Auf ihre Anregung stiftete der schwedische Industrielle Alfred Nobel, der Bertha von Suttner sehr schätzte, einen Friedenspreis.
Seit 1901 werden jährlich in Stockholm Nobelpreise für herausragende Leistungen in der Literatur, Wissenschaft und Forschung vergeben. Der Friedensnobelpreis wird in Oslo überreicht.

Bekannte Nobelpreisträger
Setze ein: Alfred Röntgen 1901 – Konrad Lorenz 1973 – Bertha von Suttner 1905 – Thomas Mann 1929 – Marie Curie 1911 – Albert Einstein 1921 – Elfriede Jelinek 2005 – Robert Koch 1905 – Willy Brandt 1971 – Alexander Flemming 1945

Literatur	Chemie	Physik	Physiologie / Medizin	Frieden

- Findet heraus, für welche herausragenden Leistungen die Nobelpreise vergeben wurden.
- Fertigt von den Preisträgern Steckbriefe an.

B1: Die Waffen nieder! (Titelblatt). 1905 erhielt Bertha von Suttner als erste Frau den Friedensnobelpreis.

Berühmte Zeitgenossen um 1890

Was waren sie?

Franz Joseph ....

Louis Pasteur ....

Henri Dunant ....

Friedrich Engels ....

Alfred Nobel ....

1890

Paul Cézanne ....

Gustav Mahler ....

Marie Curie ....

Otto von Bismarck ....

Thomas A. Edison ....

Der Erste Weltkrie

Ursachen: Machtpolitische Gegensätze zwischen den europäischen Großmächten
Die industriellen Großmächte kämpfen gegeneinander um die Vorherrschaft. Sie wollen ihren wirtschaftlichen Einfluss ausbauen und ihren Kolonialbesitz vergrößern.

Gegensätze und Spannungen werden verschärft
durch Wettrüsten der Staaten,
durch Verbreitung des Misstrauens gegen den Feind und
durch Entfachen der Kriegsbegeisterung bei den Massen.

Bündnissysteme: Die Staaten schließen Bündnisse ab, es entstehen Staatenblöcke.

Dreibund ⟷ Entente

Anlass und Kriegserklärung:
Der österreichische Thronfolger Franz Ferdinand wird von einem serbischen Nationalisten in Sarajewo ermordet. Österreich-Ungarn erklärt Serbien den Krieg. Daraufhin werden die Bündnissysteme wirksam, der Weltkrieg bricht aus.

Verlauf:
Alle Großmächte und viele kleinere Staaten nehmen am Krieg teil. Hauptkriegsschauplatz ist Europa. Die USA unterstützen die Entente gegen die Mittelmächte mit Truppen und großen Mengen an Kriegsmaterial.

Ende:
Der wirtschaftliche und militärische Zusammenbruch der Mittelmächte sowie die Friedenssehnsucht von Soldaten und Zivilbevölkerung beenden den Krieg.

B1: Das Attentat von Sarajewo

B2: Frauen an der „Heimatfront", Berlin 1917

- Welche Aufgaben haben Frauen im Krieg? Diskutiert über B2.
- Was will Kurt Tucholsky uns mit dem Gedicht „Der Graben" mitteilen? Gelten die Aussagen auch für andere Kriege?

Der Graben (1926)

Mutter, wozu hast du deinen Jungen aufgezogen?
Hast dich zwanzig Jahr mit ihm gequält?
Wozu ist er dir in deinen Arm geflogen,
und du hast ihm leise was erzählt?
Bis sie ihn dir weggenommen haben.
Für den Graben, Mutter, für den Graben.

Junge, kannst du noch an Vater denken?
Vater nahm dich oft auf seinen Arm.
Und er wollt dir einen Groschen schenken,
und er spielte mit dir Räuber und Gendarm.
Bis sie ihn dir weggenommen haben.
Für den Graben, Junge, für den Graben.

Drüben die französischen Genossen
lagen dicht bei Englands Arbeitsmann.
Alle haben sie ihr Blut vergossen,
und zerschossen ruht heut Mann bei Mann.
Alte Leute, Männer, mancher Knabe
in dem einen großen Massengrabe.

(Kurt Tucholsky, 1890–1935)

Karte1: Europa im Ersten Weltkrieg

Von der Schulbank in den Tod

10. November 1924: Die Aula des städtischen Gymnasiums ist mit schwarz-weiß-roten Fahnen und frischem Tannenreisig geschmückt. Neben einem schwarz verhüllten Gebilde steht eine Rednertribüne. Der Pedell weist den Schulklassen im Sonntagsstaat ihren Platz zu. Während die Schüler stehen müssen, werden die Ehrengäste von Lehrern – viele haben ihre alte Uniform angezogen – zu ihren Stühlen geführt. Erwartungsvolle Feierlichkeit erfüllt den Raum. …

Schließlich ertönt vom *Pedell* ein lautes: „Achtung! Stillgestanden!"; der Schulchor stimmt auf der *Empore* die „Wacht am Rhein" an. Dann steht der Oberstudiendirektor auf – auch er in einer arg eng sitzenden Reserveoffiziersuniform – und schreitet nach vorne. Er verneigt und räuspert sich, dann beginnt er zu sprechen: „Wieder einmal haben wir uns hier versammelt, um derer zu gedenken, die in der Blüte ihrer Jahre ihr Leben unserem teuren Vaterlande gewidmet haben! Ich bin stolz und glücklich, dass auch Schüler dieses Gymnasiums unter diesen Helden waren, die freudig in den Kampf zogen. Kann, ja darf es etwas Schöneres geben, als den Heldentod fürs Vaterland zu sterben …?"
Schon nach den ersten Worten ist die Rede durch ein unterdrücktes Schluchzen aus der ersten Reihe gestört worden, jetzt aber wird die Ansprache durch eine ältere Frau unterbrochen, die aufsteht und ruft: „Es waren doch noch Kinder! In den Tod habt ihr sie geschickt für eine verlorene Sache!"
Die Versammlung ist peinlich berührt; der Oberstudiendirektor findet als erster die Sprache wieder: „Frau Wilmer, die Erinnerung und der Schmerz haben Euch wohl übermannt; Ihr wisst nicht mehr, was Ihr redet. Gerold, führen Sie die arme Frau hinaus!" Der *Pedell* versteht den Wink und zerrt die Widerstrebende mit sich in die Hausmeisterwohnung. „Nehmen Sie erst einmal einen Schluck Tee, Frau Wilmer", sagt er nicht unfreundlich. Sie setzt sich hin und hört von Ferne noch die Worte „Duce et decorum est pro patria mori." („Süß und ehrenvoll ist es, fürs Vaterland zu sterben.") und flüstert dann vor sich hin: „Es war doch alles ganz anders!" Sie zieht ein Bündel Briefe aus ihrer Handtasche, die Schrift ist kaum mehr zu lesen. …

München, 1. August 1914
Liebe Mutter, nie werde ich diesen Tag vergessen. Kaum hatten wir das Gerücht gehört, da eilten wir auch schon vom Bier-

B1: Kriegsbegeisterung 1914: Deutsche Soldaten auf dem Weg in den Kampf.

garten am Chinesischen Turm in die Ludwigsstraße. Vor der Feldherrnhalle stand ein Trommlerkorps mit blitzenden Pickelhauben. Als ein Feldwebel die Kriegserklärung an Russland und Frankreich verlas, jubelten alle; Strohhüte flogen in die Luft. Nie habe ich das Deutschlandlied so inbrünstig gesungen gehört, ich schämte mich meiner Tränen nicht. Überall Militärmusik, wildfremde Menschen fielen sich in die Arme.

Es hat wohl sein müssen, und unsere Sache ist gerecht. Viel zu lang haben Kaiser und Kanzler gezögert, das Schwert zu ziehen. Aber wie sagt das Dichterwort: „Es kann der Beste nicht in Frieden leben, wenn es dem bösen Nachbarn nicht gefällt!“ Auch für mich gibt es nun kein Halten mehr. Ade, schöne Ludwig-Maximilian-Universität, die ich eben erst betreten habe! Wie alle meine Kommilitonen habe ich mich sofort freiwillig gemeldet!

5. August 1914, München (noch immer!)

Hurra! Endlich habe ich meine Beorderung: heute in der Türkenkaserne. Gestern habe ich mich fast geschämt, als ich Doris (ich habe dir ja von ihr geschrieben) traf – noch immer in Zivilkleidern! Habe auch deinen kurzen Brief erhalten. Ich verstehe, dass du Angst hast, mich zu verlieren. Aber in solchen Zeiten darf man nicht zuerst an seine Angehörigen denken, sondern an Volk und Vaterland. …

Dortmund, 20. August 1914

Was für eine Enttäuschung! Man will uns freiwillige Studenten und Schüler noch nicht sofort zur Front schicken. Wir üben hier Krieg. Ein paar alte, tattrige Offiziere üben mit uns Gefechtsformationen. Nun gut, ein paar von uns können auch nicht sonderlich gut mit dem Gewehr umgehen. Aber es ist grausam, hier in der Etappe zu sitzen, während unsere Truppen kurz vor Paris stehen! Ich fürchte, Weihnachten ist alles vorbei und mein ganzes Kriegserlebnis ist eine Kaserne in Dortmund!

6. Oktober 1914 (im Eisenbahnzug westwärts)

Es ist soweit! Vor wenigen Stunden haben wir Dortmund verlassen. Das ganze Bataillon marschierte, Uniform und Helme mit Blumen geschmückt, zum Bahnhof. Unermüdlich Tücherschwenken aus allen Fenstern und Straßen, tausend Hurras! Bisher sind Franzosen und Engländer noch einmal davongekommen. Aber jetzt werden wir es ihnen zeigen. Die Stimmung ist gut! Wir werden siegen! Das ist bei unserem Siegeswillen gar nicht anders möglich. Mach dir keine Sorgen!

16. Oktober 1914, irgendwo in Flandern

Ich höre fernes Schießen von der Front. Wir sitzen hier, spielen Karten oder Schach, lesen Zeitung oder schreiben Briefe. Vor zwei Tagen kamen wir zum Regiment und zwar in eine vorgeschobene Stellung.

Wir lagerten in verlassenen Bauernhäusern; plötzlich regnete es Granaten und Infanteriesalven auf uns herab. Wir gingen in die Keller, aber als die Franzosen näher kamen, mussten wir doch hinaus. Und wir hatten keine Schützengräben oder sonst gedeckte Stellungen. Das waren schwere Stunden, die vielen Kameraden das Leben gekostet haben. Erst viel später griff auch unsere Artillerie in den Kampf ein und zwang den Feind zum Rückzug.

Jetzt schaffen wir uns eine sichere Stellung, denn wir werden immer wieder stark beschossen, besonders die englischen Schiffsgeschütze machen uns zu schaffen. Unser Hauptmann hat uns erklärt, dass wir hier die Stellung halten müssen, bis unser rechter Flügel mit uns in einer Linie steht. …

28. Oktober 1914, in Flandern

Mit welch überschwänglichen Gefühlen bin ich in diesen Kampf gezogen, liebe Mutter. Und jetzt sitze ich hier, von Grauen geschüttelt, und genieße jeden Atemzug an Leben!

Eigentlich wollte ich dir von der großen Schlacht schreiben, von der großen Flandernoffensive, wie sie unsere Offiziere nennen. Aber mir stehen nur wenige, grauenvolle Einzelheiten vor Augen, die ich ganz schnell wieder vergessen möchte: der Kamerad mit dem blutenden Armstumpf, das zerschossene Gesicht eines Freundes, die nicht enden wol-

Pedell = alte Bezeichnung für einen Schulwart

Empore = erhöhter Raum für Chöre und Musiker (meist in einer Kirche)

lenden Salven englischer Maschinengewehre. …
Es war furchtbar, so habe ich mir den Kampf nicht vorgestellt! Nicht das vergossene Blut, nicht der Schmerz um die gefallenen Kameraden stößt mich ab, es ist die ganze Kampfesweise. Wir wollen kämpfen und können uns nicht wehren. Wir rennen nach vorne, zur nächsten Deckung. Den Feind, der uns mit den tödlichen Geschossen eindeckt, den sehen wir gar nicht. …

8. November 1914, in Flandern
Es geht der Entscheidung zu: Heute um 10 Uhr hatte man uns zum Feldgottesdienst befohlen. In einer Dorfkirche, die auch als Feldlazarett dient, verlas unser Divisions-Kaplan eine Bibelstelle, dann sangen wir ein Lied. Nach der Predigt folgte noch der Choral „Nun danket alle Gott".
Ich habe das starke Gefühl, dass wir auch so ein Wunder brauchen wie damals der Alte Fritz in Leuthen. …

11. November 1914, Langemarck
Du wirst dich wundern, liebe Mutter, dass du die Handschrift nicht erkennst. Ich diktiere diesen Brief einem Kameraden in unserem Feldlazarett. Keine Sorge: Ich mache mein Versprechen wahr, dass ich vor Weihnachten zurück bin! Ich bin von einer Kugel in die Brust getroffen worden, und der Arzt meint, ich komme durch.
Bald werde ich hinter die Front geschafft.

Luxemburg, 16. November 1914
Sehr geehrte Frau Wilmer! Leider muss ich Ihnen die traurige Mitteilung machen, dass Ihr Sohn Andreas Wilmer den Folgen eines Lungensteckschusses, den er in der glorreichen Schlacht von Langemarck erhielt, erlegen ist. Es mag Ihnen ein Trost sein, dass er sanft und ohne Schmerzen entschlafen ist. Er starb für Gott und Vaterland!
gez.: Kübler, Oberstabsarzt.

B2: Andreas Wilmer diktiert seinen letzten Brief.

„Süß und ehrenvoll ist es, fürs Vaterland zu sterben." Hinterfragt in einer Klassenrunde diese Aussage.

Die Frau verstaut das Bündel Briefe wieder in ihrer Tasche. Sie öffnet die Türe der Wohnung des *Pedells* und sieht hinüber zur Aula, wo sich der Festakt gerade seinem Höhepunkt nähert: „Deutschland, teures Vaterland! Hat jemand diese Worte, diese Werte erhabener, weihevoller gelebt als unsere jungen Helden, die ihr Blut bei Langemarck gaben?" Nach dieser rhetorischen Frage herrscht Stille in der Aula des städtischen Gymnasiums. Der Oberstudiendirektor zieht an einer Schnur, die schwarzen Tücher fallen, und ein Gedenkstein aus schwarzem Marmor wird sichtbar.
„Auf diesem Stein sind die Namen unserer lieben Mitschüler, die bei Langemarck starben, auf ewig eingegraben, so wie in unseren Herzen. Ihrer Tapferkeit, ihrer Opferbereitschaft wollen auch wir gedenken und ihnen versichern, dass sie nicht vergebens gefallen sind, dass wir ihr Vermächtnis einlösen und unser teures Vaterland wieder zu neuer Größe führen wollen!"
Während der Schulchor das Deutschlandlied anstimmt, rinnen der Frau die Tränen über die Wangen. Aber es sind keine Tränen der Rührung, es sind Tränen der Wut. „Und sie werden unsere Kinder wieder in den Tod schicken", flüstert sie, „und niemand wird sie daran hindern!"

Kriegspropaganda und Wirklichkeit

Qu1: Aufruf zum Eintritt in die Jugendkompanien

... Wohlan, Ihr deutschen Jünglinge von 16 bis 22 Jahren! Ihr habt vernommen, mit welchem Löwenmut Eure kriegsfreiwilligen Kameraden die feindlichen Reihen gestürmt haben, das Triumphlied ‚Deutschland, Deutschland über alles!' auf den Lippen. Unsere oberste Heeresleitung gibt ihnen das Zeugnis, dass sie sich auf das glänzendste bewährt haben. Ihr werdet hinter Euren Brüdern nicht zurückstehen und in gleichem Geiste kämpfen, wenn Euch das Vaterland ruft. ... Große Scharen sind dem Rufe schon gefolgt. ... Seht das Treiben der Jungmannschaft nicht als eine Spielerei an, sondern als eine ernste vaterländische Pflicht. Bringt auch dafür Opfer. ... Und nun ans Werk! ...
(Gekürzt)

- Mit welchen Schlagworten und Aussagen wurden die Menschen in Qu1 manipuliert?
- Hinterfragt die Aussage der Bilder.
- Welche Auswirkungen haben Kriege auf die Bevölkerung?

B3: Verherrlichung des Heldentodes

B4: Propagandapostkarte – Auch Kinder und Jugendliche sollten für den Krieg begeistert werden.

B5: Erschöpfte Soldaten, 1918

Gemeinheit, dass Tiere im Krieg sind!

Erich Maria Remarque, der selbst am Ersten Weltkrieg teilgenommen hatte, schrieb 1929 seinen bekannten Roman „Im Westen nichts Neues". Darin berichtet er vom Leben eines jungen Mannes, der aus der Schule zum Frontdienst eingezogen wurde. Die Ereignisse, die er seine Hauptperson schildern lässt, sind erfunden, doch jeder Frontsoldat könnte sie genau so erlebt haben.

Wir müssen nach vorn zum *Schanzen*. Beim Dunkelwerden rollen die Lastwagen an. Wir klettern hinauf. Es ist ein warmer Abend, und die Dämmerung erscheint uns wie ein Tuch, unter dessen Schutz wir uns wohl fühlen. Sie verbindet uns; sogar der geizige Tjaden schenkt mir eine Zigarette und gibt mir Feuer.

Wir stehen nebeneinander, dicht an dicht, sitzen kann niemand. Die Motoren brummen an, die Wagen klappern und rasseln. Die Straßen sind ausgefahren und voller Löcher. Es darf kein Licht gemacht werden, deshalb rumpeln wir hinein, dass wir fast aus dem Wagen purzeln. Das beunruhigt uns nicht weiter. Was kann schon passieren; ein gebrochener Arm ist besser als ein Loch im Bauch, und mancher wünscht sich geradezu eine solch gute Gelegenheit, nach Hause zu kommen.

Die Luft wird diesig von Geschützrauch und Nebel. Man schmeckt den Pulverqualm bitter auf der Zunge. Die Abschüsse krachen, dass unser Wagen bebt, das Echo rollt tosend hinterher, alles schwankt. Unsere Gesichter verändern sich unmerklich. Wir brauchen zwar nicht in die Gräben, sondern nur zum *Schanzen*, aber in jedem Gesicht steht jetzt: Hier ist die Front. …

Es ist inzwischen ganz dunkel geworden. Das Gewitter der Geschütze verstärkt sich zu einem einzigen dumpfen Dröhnen und zerfällt dann wieder in Gruppeneinschläge. Salven der Maschinengewehre knarren. Über uns ist die Luft erfüllt von unsichtbarem Jagen, Heulen, Pfeifen und Zischen.

Wir rammen die Eisenpfähle in regelmäßigen Abständen fest. Immer zwei Mann halten eine Rolle, die andern spulen den Stacheldraht ab. Es ist der ekelhafte Draht mit den dicht stehenden, langen Stacheln. Ich bin das Abrollen nicht mehr gewöhnt und reiße mir die Hand auf. Nach einigen Stunden sind wir fertig. Aber wir haben noch Zeit, bis die Lastwagen kommen. Die meisten von uns legen sich hin und schlafen. Ich versuche es auch. Als ich plötzlich mit einem Ruck hochfliege, weiß ich nicht, wo ich bin. Nur eine Sekunde, dann erkenne ich Katczinsky. Er sitzt ruhig, der alte Soldat, und raucht eine Pfeife. Als er bemerkt, dass ich wach bin, sagt er nur: „Du bist schön zusammengefahren. Es war nur ein Zünder, er ist da ins Gebüsch gesaust." Ich setze mich hoch, ich fühle mich sonderbar allein. Es ist gut, dass Kat da ist. Er sieht gedankenvoll zur Front und sagt: „Ganz schönes Feuerwerk, wenn's nicht so gefährlich wäre." Hinter uns schlägt es ein. Ein paar Rekruten fahren erschreckt auf. Nach ein paar Minuten funkt es wieder herüber, näher als vorher. Kat klopft seine Pfeife aus. „Es gibt Zunder."

Schon geht es los. Wir kriechen weg, so gut es in der Eile geht. Der nächste Schuss sitzt bereits zwischen uns. Ein paar Leute schreien. Am Horizont steigen grüne Raketen auf. Der Dreck fliegt hoch, Splitter surren. Man hört sie noch aufklatschen, wenn der Lärm der Einschläge längst wieder verstummt ist. Neben uns liegt ein verängstig-

B1: Tiere im Krieg

- **Schanzen** = Schutzwälle aufwerfen und mit Stacheldraht und anderen Hindernissen versehen

B2: Erstmals in der Kriegsgeschichte setzten die Deutschen 1915 Giftgas ein.

ter Rekrut. Er hat das Gesicht in die Hände gepresst. Sein Helm ist weggepurzelt. Ich fische ihn heran und will ihn auf seinen Schädel stülpen. Er sieht auf, stößt den Helm fort und kriecht wie ein Kind mit dem Kopf unter meinen Arm, dicht an meine Brust. Ich lasse ihn gewähren.

Endlich wird es ruhig. Ich setze mich auf und rüttle den Rekruten an der Schulter. „Vorbei, Kleiner: Ist noch mal gut gegangen." Er sieht sich verstört um. Ich rede ihm zu: „Wirst dich schon gewöhnen." Es wird stiller, doch das Schreien hört nicht auf. „Was ist los, Albert?", frage ich. „Drüben haben ein paar Kolonnen Volltreffer gekriegt."

Das Schreien dauert an. Es sind keine Menschen, sie können nicht so furchtbar schreien. Kat sagt: „Verwundete Pferde." Ich habe noch nie Pferde schreien gehört und kann es kaum glauben. Detering wird wütend und brüllt: „Erschießt sie, erschießt sie doch, verflucht noch mal!" „Sie müssen doch erst die Leute holen", sagt Kat.

Wir stehen auf und suchen, wo die Stelle ist. Wenn man die Tiere erblickt, wird es besser auszuhalten sein. Meyer hat ein Fernglas bei sich. Wir sehen eine dunkle Gruppe Sanitäter mit Tragbahren und schwarze, größere Klumpen, die sich bewegen. Das sind die verwundeten Pferde. Aber nicht alle. Einige galoppieren weiter entfernt, brechen nieder und rennen weiter.

Wir setzen uns hin und halten uns die Ohren zu. Aber dieses entsetzliche Klagen und Stöhnen und Jammern schlägt durch. Man möchte aufstehen und fortlaufen, ganz gleich wohin, nur um das Schreien nicht mehr zu hören. Dabei sind es doch keine Menschen, sondern nur Pferde. Von dem dunklen Knäuel lösen sich wieder Tragbahren. Dann knallen einzelne Schüsse. Endlich! Wir nehmen die Hände von den Ohren. Das Schreien ist verstummt. Dann sind wieder nur die Raketen, das Granatensingen und die Sterne da und das ist fast sonderbar. Detering geht und flucht: „Möchte wissen, was die für Schuld haben."

Seine Stimme ist erregt, sie klingt beinahe feierlich, als er sagt: „Das sage ich euch, es ist die allergrößte Gemeinheit, dass Tiere im Krieg sind."

Wir gehen zurück. Es ist Zeit zu unseren Wagen zu gelangen. Der Himmel ist eine Spur heller geworden. Drei Uhr morgens. Der Wind ist frisch und kühl. Wir tappen uns vorwärts im Gänsemarsch durch die Gräben und Trichter und gelangen wieder in die Nebelzone. Katczinsky ist unruhig, das ist ein schlechtes Zeichen. „Was hast du, Kat?", fragt Kropp.

„Ich wollte, wir wären erst zu Hause." Zu Hause – er meint die Baracken. „Dauert nicht mehr lange, Kat." Er ist nervös. „Ich weiß nicht, ich weiß nicht."

In diesem Augenblick pfeift es hinter uns, kracht, donnert. Wir haben uns gebückt. Hundert Meter vor uns schießt eine Feuerwolke empor. „Deckung!", brüllt jemand. „Deckung!"

Keinen Moment zu früh. Vor uns birst die Erde. Es regnet Schollen. Ich spüre einen Ruck. Mein Ärmel ist aufgerissen durch einen Splitter. Ich balle die Faust. Keine Schmerzen. Doch das beruhigt mich nicht, Verletzungen schmerzen stets erst später. Ich fahre über den Arm. Er ist angekratzt, aber heil. Da knallt es gegen meinen Schädel, dass mir das Bewusstsein verschwimmt. Ein Splitter ist gegen meinen Helm gehauen, er kam so weit her, dass er nicht durchschlug. Ich wische mir den Dreck aus den Augen. Vor mir ist ein Loch aufgerissen, ich erkenne es undeutlich. Granaten treffen nicht leicht in denselben Trichter, deshalb will ich hinein. Da pfeift es wieder, rasch krieche ich zusammen.

Vor mir klafft der Trichter. Ich muss mit einem Satz hinein. Da erhalte ich einen Schlag ins Gesicht, eine Hand klammert sich um meine Schulter. Die Hand schüttelt mich, ich wende den Kopf, in sekundenkurzem Licht starre ich in das Gesicht Katczinskys, er hat den Mund weit offen und brüllt, ich höre nichts, er rüttelt mich, nähert sich; in einem Moment erreicht mich seine Stimme: „Gas – Gaas – Gaaas! – Weitersagen!" Ich reiße die Gaskapsel heran. Etwas entfernt von mir liegt jemand. Ich denke an nichts mehr als an dies: Der dort muss es wissen: „Gaaas – Gaaas -!" Ich rufe, schiebe mich heran, schlage mit der Kapsel nach ihm, er merkt nichts – noch einmal, er duckt sich nur – es ist ein Rekrut, ich sehe verzweifelt nach Kat, er hat die Maske vor – ich reiße meine auch heraus, der Helm fliegt beiseite. Ich erreiche den Mann, ich fasse die Maske, schiebe sie über seinen Kopf, er greift zu – ich lasse los – und liege plötzlich mit einem Ruck im Trichter.

Hinter mir plumpst es, einmal, zweimal. Es sind Kat, Kropp und noch jemand. Wir liegen zu viert in schwerer, lauernder Anspannung und atmen so schwach wie möglich. Ich stoße Kat an: Es ist besser heraus zu kriechen und oben zu liegen als hier, wo das Gas sich am meisten sammelt. Doch wir kommen nicht dazu, ein zweiter Feuerhagel beginnt. Die Einschläge haben aufgehört. Ich drehe mich zum Trichter und winke den andern. Sie klettern herauf und reißen sich die Masken herunter. Vor uns liegt jemand. Wir halten an. Der am Boden ist ein Rekrut. Seine Hüfte ist blutverschmiert; er ist so erschöpft, dass ich nach meiner Feldflasche greife, in der ich Rum mit Tee habe. Kat hält meine Hand zurück und beugt sich über ihn: „Wo hat's dich erwischt, Kamerad?" Er bewegt die Augen; er ist zu schwach zum Antworten. Er stöhnt. „Ruhig, ruhig, es wird ja besser." Wir legen die Hüfte bloß. Sie ist ein einziger Fleischbrei mit Knochensplittern. Das Gelenk ist getroffen. Dieser Junge wird nie mehr gehen können.

Ich wische ihm mit dem befeuchteten Finger über die Schläfe und gebe ihm einen Schluck. In seine Augen kommt Bewegung. Kat hat inzwischen aus den Taschen eines Toten Verbandspäckchen geholt, die wir vorsichtig an die Wunde schieben. Ich sage dem Jungen, der uns unverwandt ansieht: „Wir holen jetzt eine Bahre." Da öffnet er den Mund und flüstert: „Hier bleiben!" Kat sagt: „Wir kommen ja gleich wieder. Wir holen für dich eine Bahre." Man kann nicht erkennen, ob er verstanden hat; er wimmert wie ein Kind hinter uns her: „Nicht weggehen!" Kat sieht sich um und flüstert: „Sollte man da nicht einfach einen Revolver nehmen, damit es aufhört?" Der Junge wird den Transport kaum überstehen und höchstens kann es noch einige Tage mit ihm dauern.

Ich nicke. „Ja, Kat, man sollte einen Revolver nehmen." Wir holen eine Bahre. Kat schüttelt den Kopf. „So junge Kerle!" Er wiederholt es: „So junge, unschuldige Kerle!" Unsere Verluste sind geringer, als anzunehmen war: fünf Tote und acht Verwundete. Es war nur ein kurzer Feuerüberfall. Zwei von unseren Toten liegen in der aufgerissenen Erde; wir brauchen sie bloß zuzubuddeln. Wir gehen zurück. Schweigend trotten wir im Gänsemarsch hintereinander her. Die Verwundeten werden zur Sanitätsstation gebracht. Der Morgen ist trübe, die Krankenwärter laufen mit Nummern und Zetteln, die Verletzten wimmern. Es beginnt zu regnen. Nach einer Stunde haben wir unsere Wagen erreicht und klettern hinauf. Jetzt ist mehr Platz da als vorher.

B3: Bestattung gefallener Soldaten in einem Massengrab bei San Gabriele 1915 (Italien)

- Versuche aufzuzählen, was bei dem „kurzen Feuerüberfall" alles passiert.
- Überlege, warum es Detering als Gemeinheit empfindet, dass Tiere im Krieg sind?
- Diskutiert: Ist es eine weniger große Gemeinheit, dass Menschen im Krieg sind?

Der Wahnsinn des Kriegs

Qu1: Robert Pöhland schrieb am 17. Oktober 1916 mitten in der Sommeschlacht diesen Brief an seinen ältesten Sohn:

„Mein lieber teurer Sohn Robert! Es kann sehr leicht sein, dass du mir dies wunderbare Abschiedsgedicht nicht umsonst geschrieben (hast). Wir müssen in einigen Stunden marschbereit stehen, ... soviel man vernehmen kann, geht es in Richtung Somme. ... Wir haben für 4 Tage ‚eiserne Portionen' bekommen. Diese bestehen aus Keksen, Büchsenfleisch und einigen Flaschen Wasser. ... Wie mir zu Mute ist, kannst du dir denken. ... Als ich gestern Abend deinen Brief öffnete, ... fiel mein erster Blick auf ... die Überschrift des Gedichtes: ‚An meinen toten Freund'. Mir gab es einen solchen Stich ins Herz, dass ich den Gedanken nicht wieder los werden konnte, dass meine Stunden gezählt seien.

Nun mein lieber Robert, glaube etwa nicht, dass ich dir wegen diesem Gedicht böse bin. Im Gegenteil: Es hat mich derart ergriffen, dass mir die Tränen nur so über die Wangen rollten. ...

Jetzt ist es 10 Uhr vormittags: ein wunderbarer Herbstmorgen ... sogar eine Lerche trillert ... . Teurer Robert, sollte ich nicht wiederkehren, ... sorge ... für deine Mutter und deine noch so hilfsbedürftigen Geschwister. Du bist der Älteste. ... Eine Bitte hätte ich noch an dich: Dass du einige gute Eigenschaften von mir übernommen hast, erfüllt mich mit Stolz, meine schlechten Seiten möchte ich dich bitten, nicht anzunehmen. ... Nimm dir deine Mutter zum Vorbild und nicht mich. Im übrigen bleibe der, der du bist. Ein wackerer, braver, tüchtiger Mensch. Auf ewig grüßt dich – dein Vater."

Anmerkung: Nur wenige Tage später wird Robert Pöhland bei einem Angriff durch eine Granate getötet.

(Gekürzt und vereinfacht)

B4: Deutsche Feldpostkarte 1915

Qu2: Ein deutscher Offizier berichtet über seine Erlebnisse aus der Sommeschlacht:

„Von sieben Uhr an wurden der Platz und die umliegenden Häuser in Abständen von halben Minuten mit Fünfzehn-Zentimeter-Granaten beworfen. Wir saßen ... in unserem Keller und zählten die Zeit zwischen den Einschlägen, den Kopf auf die Hände gestützt. ... Von neun bis zehn Uhr gewann das Feuer eine wahnsinnige Wucht. Die Erde wankte, der Himmel schien ein brodelnder Riesenkessel (zu sein). Hunderte von schweren Batterien krachten ..., unzählige Granaten kreuzten sich heulend und fauchend über uns. ... Bei heftigen Kopf- und Ohrenschmerzen konnten wir uns nur durch abgerissene, gebrüllte Worte verständigen. Die Fähigkeit des logischen Denkens und das Gefühl der Schwerkraft schien aufgehoben. ... Dann marschierten wir ab, ... der Hohlweg erschien nur noch als eine Reihe riesiger mit Uniformstücken, Waffen und Toten gefüllter Trichter, das umliegenden Gelände war, soweit der Blick reichte, völlig von schweren Granaten umgewälzt. ... Der zerwühlte Kampfplatz war grauenhaft. Zwischen den lebenden Verteidigern lagen die toten. ... Eine Kompanie nach der anderen war ... niedergemäht, dann waren die Leichen durch die von den Geschossen hochgehobenen Erdmassen verschüttet worden. ... Nun war die Reihe an uns."

(Gekürzt)

B5: Pflege von verwundeten Briten in einem Schützengraben bei Thiepval an der Somme (Frankreich).

Kriegsbegeisterung und Ernüchterung

Qu3: Ein französischer Soldat beschreibt das Schlachtfeld nach Regenfällen:

„... Man sieht Seen und zwischen den Seen unbewegte, milchige Wasserläufe. ... die Prophezeiung der Männer in dieser Nacht ist in Erfüllung gegangen: Es gibt keine Schützengräben mehr, sie sind dort in den Kanälen versunken. ... Kein Schuss fällt mehr, (keine) Granaten ... krepieren. Aber wo sind die Menschen? Allmählich erkenne ich sie. Nicht weit von uns liegen einige und schlafen, von Kopf bis zu den Füßen mit Schlamm bedeckt ... Weiter entfernt sehe ich andere, zusammengesunken und wie Schnecken an einer Böschung kleben, die das Wasser halb aufgesogen hat. ... Ich frage Paradis, der auch dorthin blickt: ‚Sind sie tot?' – ‚Das werden wir gleich sehen', sagt er leise. ... Wir schleppen uns hin. Es sind Ertrunkene. Ihre Köpfe und Arme hängen im Wasser. Die Rücken mit dem Lederzeug schimmern über der Oberfläche ...; ihre Waffenröcke aus blauem Tuch sind aufgebläht. ... Das sind Posten. Sie haben sich vor dem Schlamm nicht retten können. Die steile Grabenböschung war schlüpfrig, das Wasser darin stieg, langsam und unheilvoll, und trotz aller Bemühungen herauszukommen, zog es sie immer tiefer hinab. ... Dort liegen unsere vordersten Gräben und auch die der Deutschen, beide gleich still, beide unter Wasser." (Gekürzt)

- Suche in einem historischen Atlas den hier genannten Frontabschnitt.
- Welche Nationen waren an der Westfront im Kampf gegen die Mittelmächte beteiligt?
- Der Wahnsinn des Kriegs: Verfasst Aufrufe und Plakate gegen den Krieg.

B6: Auspumpen einer Stellung in Hooge bei Ypern (Belgien) im September 1917.

Wusstest du, dass...

- am Heiligen Abend 1914 die Soldaten der Westfront einander freundschaftlich Weihnachtslieder vorsangen?
- südlich von Ypern während der weihnachtlichen Waffenruhe ein Fußballspiel zwischen deutschen und schottischen Soldaten stattfand (Endstand 3:2)?
- die höchste Gefechtsstellung der k. u. k. Armee auf dem Gipfel des 3899 m hohen Ortler in Südtirol stand?
- alliierte Soldaten in den Kämpfen auf der Halbinsel Gallipoli (Türkei) bei einem Munitionsengpass selbstgemachte Handgranaten aus Marmeladedosen gegen Deutsche und Türken einsetzten?
- die britische Marine Handelsschiffe tarnte, indem sie mit grau-schwarz-blauen geometrischen Formen bemalt wurden? Deutsche U-Boote konnten dadurch die Umrisse nur verzerrt sehen und so ihre Torpedos nicht mehr genau ins Ziel bringen.

Narben auf der Seele

Inge Meyer-Dietrich geht in ihrem preisgekrönten Jugendbuch „Plascha" auch auf die Frage nach dem Sinn des Kriegs ein. Während die Autorin ihre Hauptperson Plascha noch im Herbst 1918 auf die Rückkehr ihres Vaters warten lässt, sind bereits Soldaten heimgekommen. Sie wird Zeugin eines eindrucksvollen Gesprächs.

Noch einer ist von der Front heimgekommen, den hat vorher niemand hier gekannt, es ist der neue *Vikar* in der Gemeinde, der seine erste Stelle bekommen hat. Freiwillig hatte er sich zum Kriegsdienst gemeldet im guten Glauben, das wäre er seinem Vaterland und seinem Kaiser schuldig, der Pfarrer in seiner Heimatgemeinde hatte von heiliger Pflicht und von Gottes Willen gepredigt, und dass jeder, der zur Beichte und Kommunion geht, sofort in den Himmel kommt, wenn ihn der Heldentod trifft. Der Heldentod hat ihn nicht getroffen, und er ist dankbar dafür, er denkt inzwischen ganz anders über Vaterland und Kaiser und Gottes Willen.

„Der ist in Ordnung", sagt der Kaspar über den *Vikar*, „der weiß was vom Leben, vom Krieg, die ganze Scheiße, der hat was kapiert, dem sind die Augen genauso aufgegangen wie mir und vielen anderen, die im Schützengraben gewesen sind, der hat seine Meinung nicht bloß aus Büchern wie unser Pastor."

Oft sitzt der neue *Vikar* beim alten Kulla in der Küche, und in Kaspars Gesicht kommt wieder Leben, wenn er dem *Vikar* sein Herz ausschütten kann. Plascha und Lisbeth sitzen manches Mal dabei und hören zu, weil sie wissen wollen, wie der Krieg für die Soldaten gewesen ist. Am Tag nach Oma Doppkas Beerdigung gehen sie beide nachmittags zum alten Kulla, er soll Schuhe für die Mimi Hönnes reparieren.

Schon an der Tür hören sie Kaspars aufgeregte Stimme: „Der spinnt ja, der Bahnbeamte, beinah hätte ihn der Schlag getroffen, so'n Quatsch, bloß weil er die Oma Doppka tot gefunden hat, friedlich wie im Schlaf auf der Bank, den hätten sie mal an die Front schicken sollen!"

„Jetzt red bloß nicht schon wieder von der Front", sagt der Charly, „red lieber davon, was jetzt werden soll, es tut sich allerhand im Land." „Ich weiß",

B1: Österreichische Soldaten beerdigen zwei britische Offiziere, die mit ihrem Flugzeug über der Südwestfront abgeschossen worden waren.

- **Vikar** = Stellvertreter des Priesters
- **Krupp** = Gemeint ist das Anfang des 19. Jhs. gegründete Unternehmen Krupp, mit Firmensitz in Essen. Die Krupp'schen Hütten und Eisenwerke waren für die deutsche Wirtschaft und vor allem für die Rüstungsindustrie von großer Bedeutung, denn dort wurde nicht nur Stahl für die Schiffe und Panzer hergestellt, sondern es wurden auch Kanonen, Geschütze und andere Waffen gebaut.

sagt der Kaspar, „aber ich knack immer noch daran, wie sie uns reingelegt haben mit ihrem Geschwätz von Vaterlandsverteidigung. Bis ich mal begriffen hatte, wen wir eigentlich verteidigt haben! Die Großen, solche wie den *Krupp*, die von der Eisen- und Stahlindustrie, die haben wir verteidigt, und für die sollen wir jetzt wieder den Karren aus dem Dreck ziehen." Heftig setzt er seine Kaffeetasse auf den Tisch. „Und wer ist scharenweise verreckt, in Russland, in Frankreich? Natürlich die Arbeiter, egal aus welchem Land." „Klar", sagt der alte Kulla, „das sind ja auch überall die meisten. Und dass die kleinen Leute zuerst ihre Haut zu Markte tragen müssen, wenn's irgendwo brennt, das ist so alt wie *Methusalem*." Lisbeth rutscht unruhig auf ihrem Stuhl hin und her. „Ich glaub, du willst auch was sagen?", fragt der Vikar. Lisbeth nickt. „Mein Papa behauptet, und zum Dank für vier harte Jahre Grabendienste müssen die deutschen Arbeiter jetzt noch härter ran an die *Maloche* als vorher und kriegen kaum was zu fressen." „Genau", knurrt der Kaspar. Plascha hört nachdenklich zu. „Aber die französischen und die russischen Arbeiter, das sind doch jetzt die Sieger?", fragt sie und guckt auf den *Vikar*. Der Kaspar lacht, und sein Lachen klingt böse wie so oft, seit er zurückgekommen ist.

„Ich glaube nicht", sagt der *Vikar*. „Die kleinen Soldaten verlieren jeden Krieg, egal auf welcher Seite sie stehen. Nein, der Kaspar hat Recht, wer gewinnt, das sind vor allem die Waffenfabrikanten, die verdienen dickes Geld am Krieg. Und von dem Landgewinn, den die Siegermächte machen, ob in der Heimat oder in Übersee, glaub bloß nicht, dass die Arbeiter was davon haben, und wie viele von denen waren an der Front?"

Der alte Kulla fährt sich mit der Hand über die Glatze. „Jetzt soll *Elsass-Lothringen* wieder an Frankreich gehen", sagt er, „das ist so ein Beispiel. Glaubst du, es ist ein Unterschied für die Kumpels in den lothringischen Zechen, ob sie zu Deutschland oder zu Frankreich gehören? Die Ausbeuterei bleibt bestimmt die selbe." „Ich hab französische Kriegsgefangene kennen gelernt", erzählt der *Vikar*, „prima Kerle, die sind genauso betrogen worden wie wir mit dem Gerede vom Vaterland, das verteidigt werden muss. Ein französischer Geistlicher hat mir sein Kriegstagebuch gezeigt, der hat alles aufgeschrieben, was er erlebt und gefühlt hat, es war das selbe, was ich auch erlebt und gefühlt habe, haargenau.

Und mit den Russen wird es nicht viel anders gewesen sein." Der Kaspar nickt, er war ja bis zuletzt in Russland dabei. Der *Vikar* ist noch nicht ganz fertig, man sieht, wie er nachdenkt, und dann sagt er mit seiner leisen, eindringlichen Stimme: „Die anderen Völker, die am Krieg beteiligt waren, die haben ihre vielen Gefallenen, genau wie wir, und ihre Verwundeten. Und die Soldaten, die keine sichtbaren Wunden oder Narben mit nach Hause gebracht haben, die sind trotzdem nicht heil davongekommen, das könnt ihr mir glauben, die haben Narben auf der Seele, die bleiben fürs Leben und brechen immer wieder auf. Und da ist kein großer Unterschied, ob nun das Land offiziell Sieger oder Verlierer ist." Plascha schaut den Vikar erstaunt an. Narben auf der Seele, ist es das?

- **Methusalem** = nach dem Alten Testament der Urvater vor der Sintflut, der das sagenhafte Alter von 969 Jahren erreicht haben soll; daher sprichwörtlich „so alt wie Methusalem".
- **Maloche** = schwere körperliche Anstrengung
- **Elsass-Lothringen** = nach dem Deutsch-Französischen Krieg von 1870/71 wurde das Elsass mit einem Teil Lothringens an das Deutsche Reich angegliedert; 1918 wurden die französischen Truppen im Elsass vielfach als Befreier begrüßt.

- Mit welchen Erwartungen zogen die Menschen in den Krieg? Wie sah die Lage vier Jahre später aus? Fasse die Aussagen der Heimkehrer zusammen.
- Wie seht ihr die Gegenüberstellung von Gewinnern und Verlierern im Krieg? Diskutiert darüber.

Kriegsalltag abseits der Front

Qu1: Frauen in Rüstungsbetrieben

„Von den Betrieben der Kriegsindustrie werden zur Erfüllung des jetzigen Rüstungs-Programms ganz erheblich gesteigerte Leistungen gefordert. ... Über die Frauenarbeit enthalten die Richtlinien folgende Ausführung: ... Bezüglich der Handhabung des Gewerberechts gilt grundsätzlich das selbe wie für die jugendlichen Arbeiter. ... Durch übertriebene Vorsicht dürfen die dringenden Aufgaben der Kriegswirtschaft nicht gefährdet werden. Wo jeweils die richtige Grenze liegt zwischen den Bedürfnissen der Industrie einerseits, den unumgänglichen Forderungen der Gesundheit und guten Sitte andererseits, ist im Einzelfalle von der zuständigen Gewerbeaufsichtsbehörde zu prüfen. ... In besonderen Notfällen kann die Frauen-Arbeit, deren Verwendung möglichst zu fördern ist – auch vor dem Dampfkessel, im Fuhrbetrieb, bei der Montage und Installation –, vorübergehend noch weiter [über 11 Stunden hinaus] ausgedehnt werden. Ausreichende Sitzgelegenheit ist für Frauen besonders wichtig. Arbeit in Arbeitshose ist zu gestatten." (Gekürzt)

Qu2: Der Zuwachs der Frauenarbeit in der Rüstungsindustrie am Beispiel der Firma Krupp, Essen

	01. 01. 1915	01. 07. 1918
Zahl der weiblichen Beschäftigten	1342	28302
Anteil an der Gesamtbelegschaft	3,2%	37,6%

Qu3: Öffentliche Forderung des Nationalen Frauendienstes 1916: „Die 7 K-Gesetze der Kriegsküche"

Die 7 K=Gesetze der Kriegsküche.

Aufgestellt vom Nationalen Frauendienst.

Eßt Kriegsbrot!
Kocht Kartoffeln in der Schale!
Kauft keinen Kuchen!
Seid klug, spart Fett!
Kocht mit Koch=Kiste!
Kocht mit Kriegs=Kochbuch!
Helft den Krieg gewinnen!

Qu4: Kriegsküche eines Betriebes 1914 und 1918

Speisezettel vom 8. bis 14. Nov. 1914:
Sonntag, den 8. November 1914:
Sauerkohl, Kartoffeln und ges. Rippen.
Montag, den 9. November 1914:
Graupensuppe, Kartoffeln und Pfoten.
Dienstag, den 10. November 1914:
Wurzeln, Kartoffeln und Bauchfleisch.
Mittwoch, den 11. November 1914:
Grüne Erbsen, Kartoffeln und ges. Nacken.
Donnerstag, den 12. November 1914:
Weißkohl, Kartoffeln und Bauchfleisch.
Freitag, den 13. November 1914:
Buntes Huhn.
Sonnabend, den 14. November 1914:
Dicker Reis mit Zucker und Zimmet.

Speisezettel vom 1. bis 7. April 1918:
Montag, den 1. April 1918:
Sauerkohl, Kartoffeln und Fleisch.
Dienstag, den 2. April 1918:
Feldbohnen und Kartoffeln.
Mittwoch, den 3. April 1918:
Steckrüben, Kartoffeln und Fleisch.
Donnerstag, den 4. April 1918:
Graupen und Kartoffeln.
Freitag, den 5. April 1918:
Peluschken, Kartoffeln und Rippen.
Sonnabend, den 6. April 1918:
Bohnenmehlsuppe und Kartoffeln.
Sonntag, den 7. April 1918:
Bohnengemüse, Kartoffeln und Fleisch.

KRIEGSBEGEISTERUNG UND ERNÜCHTERUNG

Qu5: Die Frauenarbeit nahm während des Kriegs stark zu. Frauen übernahmen Arbeiten in den Dienstleistungsbereichen, für die sie angeworben wurden. Vielfach mussten sie aber auch in den neuen Munitions- und Rüstungsbetrieben arbeiten:

Die kleinen Dörfchen, die da plötzlich über Nacht zu großen Fabriksorten geworden sind, können natürlich keine Wohnräume bieten. ... Man muss auch zugewanderte verheiratete Frauen beschäftigen, und diese bringen in den meisten Fällen auch die Kinder mit. Wo sollen die Kinder bleiben, wenn die Mutter auswandern muss, um Arbeit zu suchen? ... So wohnen in Felixdorf die Arbeiterinnen der Firma Roth in einer leer stehenden Spinnerei. Die großen Säle sind ausgeräumt ..., aus rohen ... Brettern wurden Verschläge gemacht, von denen jeder zwei Betten enthält. Das Bett besteht aus einem schmutzigen Strohsack mit einem kleinen Polster. ... In den Räumen dieser alten Spinnerei wohnen und leben hundertfünfzig Kinder. Hundertfünfzig junge und hoffnungsvolle Menschen werden dort zu Grunde gehen, denn von der Luft ... kann man sich keine Vorstellung machen. ... Dabei kommen die Mütter und Schwestern, gelb und braun vom Ekrasit, mit dem sie arbeiten müssen ..., zu den Kindern und infizieren auch noch die Säuglinge ... mit dem Gift. Man sieht kleine Kinder, die schon den merkwürdigen gelben Glanz in den Haaren haben, deren fahle Gesichtsfarbe von dem schleichenden Gift erzählt. (Gekürzt)

B2: Tausende Frauen arbeiteten in den Zünderwerkstätten der Skodawerke in Pilsen (heute Tschechische Republik)

B3 Prag, Sommer 1918: Kinder warten zu Tausenden auf die Verteilung einer Suppe.

- Frauen und Kinder im Krieg: Verfasst Leserbriefe von Betroffenen.
- Gestaltet zu Qu3 ein Gegenplakat mit dem Titel „Frieden und Küche."
- Wie sieht die Situation von Frauen und Kindern in Kriegsgebieten heute aus? Informiert euch!

Der Erste Weltkrieg

Ursachen des Kriegs

Kennzeichne mit einer Farbe die Staaten der Mittelmächte, mit einer anderen die Staaten der Entente.

Karte1: Europa vor dem Ersten Weltkrieg

Trage in die Karte jene Staaten ein, die nach dem Krieg aus den Teilen der Donaumonarchie in Osteuropa entstanden.

Karte2: Osteuropa nach dem Ersten Weltkrieg

Anlass zum Krieg

Gratis! 3. Extra-Blatt. Gratis!

Vossische Zeitung

Königlich privilegirte Berlinische Zeitung von Staats- und gelehrten Sachen.

Haupt-Geschäftsstelle Breite Str. 8/9, Berlin C.

Der österreichische Thronfolger und seine Gattin ermordet.

Einer grauenvollen Bluttat sind der Erzherzog-Thronfolger Franz Ferdinand von Oesterreich-Ungarn, und seine Gattin, die Herzogin von Hohenberg, zum Opfer gefallen. Durch Schüsse serbischer Fanatiker wurden sie ermordet, nachdem sie einem Bombenattentat, durch das einige Offiziere aus ihrem Gefolge und einige Personen aus dem

B1: Extrablatt

Verzeichnis der Textquellen

Erzählungen

Texte gekürzt und vereinfacht von Werner Adelmaier

6 Rainer M. Schröder: Freiheit für Amos, in: Martin Zimmermann (Hrsg.), Weltgeschichte in Geschichten. Streifzüge von den Anfängen bis zur Gegenwart, Arena, Würzburg 2004, S. 124–137

8 Rainer M. Schröder: Freiheit für Amos, in: Martin Zimmermann (Hrsg.), Weltgeschichte in Geschichten. Streifzüge von den Anfängen bis zur Gegenwart, Arena, Würzburg 2004, S. 124–137

14 Fritz Klenk: Monopoly - oder: Wie man Pflanzen entführt, in: Wettkampf um Rohstoffe und Absatzmärkte aus der Vergangenheit, Heft 1928, Stuttgart, o.J., S. 9–12

18 Uwe Timm: Morenga, dtv 12725, München 2000, S. 9–27

28 E. M. Foster: A Passage to India. Retold by Maud Jackson, Black Cat Publishing, Genua, Canterbury 2003, S. 6–17

34 Freya Stephan Kühn: Und was wäre gewesen, wenn ... ?, in: Was in den Höhlen begann, Arena, Würzburg 1992, S. 192–195

40 Hans-Peter Peschke: Von der Schulbank in den Tod, in: Geschichte mit Pfiff 1/93, S. 4–7

44 Erich Maria Remarque: Gemeinheit, dass Tiere im Krieg sind!, in: Im Westen nichts Neues, Köln, o.J. S. 39–43

49 Inge Meyer-Dietrich: Narben auf der Seele, in: Plascha oder: Von kleinen Leuten und großen Träumen. Kevelaer: Anrich 1988, S.137–140, aus Martin Kronberger (Hrsg.), Geschichte und Abenteuer 4 C.C. Buchners Verlag, Bamberg, 1999, S. 10–12

Schriftliche Quellen

(tw. gekürzt, bearbeitet und vereinfacht)

11/Qu1 G. Guggenbühl, Quellen zur allgemeinen Geschichte, Bd. 3, Neuere Zeit, 1970; in: Zeiten Völker Kulturen 2, öbvhpt, Wien, S. 121

11/Qu2 Peer Frieß, Go West – Auf nach Westen! Zusammenhänge der Besiedlung und des Naturraums Nordamerikas, in: Praxis Geschichte 6/97, S. 29, nach: W. J. Cooper und Th. E. Terrill, The American South. A History. New York 1990, S. 194

11/Qu3 Hans Dollinger, Schwarzbuch der Weltgeschichte. 5000 Jahre der Mensch des Menschen Feind, area verlag GmbH, Erftstadt 2004, S. 302

11/Qu4 Hans Dollinger, Schwarzbuch der Weltgeschichte. 5000 Jahre der Mensch des Menschen Feind, area verlag GmbH, Erftstadt 2004, S. 303

12/Qu5 Bodo von Borries, Wendepunkte der Frauengeschichte II. Herbolzheim 2003, S. 238 f. (Bearbeitung: Wolfgang Reiter)

13/Qu1-3 Handreichung Geschichte/Sozialkunde, Thema Menschenrechte, BMUkA, Klagenfurt 1987

17/Qu1 Piers Pennington, Die großen Entdecker, Neuer Kaiser Verlag, Klagenfurt, 1980, S. 143 (Bearbeitung : Wolfgang Reiter)

21/Qu1 Ki-Zerbo, Die Geschichte Schwarz-Afrikas, 1981, S, 444f.

21/Qu2 H. W. Stead, Draft of Ideals. The Last Will of Cecil Rhodes, 1902, S. 58 und 97 f., in: H. D. Schmid, Fragen an die Geschichte, Bd. 3, Hirschgraben Verlag, Frankfurt am Main, 1980, S. 264

21/Qu3 Willi Nikolay, Der Hereroaufstand von 1904 in Südwestafrika. Das Deutsche Reich als Kolonialmacht, in: Praxis Geschichte 1/93, zitiert nach G. Spraul, „Völkermord"; in: GWU 39/1988, S. 728f.

21/Qu4 Willi Nikolay, Der Hereroaufstand von 1904 in Südwestafrika. Das Deutsche Reich als Kolonialmacht, in: Praxis Geschichte 1/93, abgedruckt im „Vorwärts" vom 15. 9. 1904

22/Qu5 H. D. Schmid, Fragen an die Geschichte, Bd. 3, Hirschgraben Verlag, Frankfurt am Main, 1980, S. 250 (FAZ83/1962)

23/Qu1 Piers Pennington, Die großen Entdecker, Neuer Kaiser Verlag, Klagenfurt, 1980, S. 220f.

31/Qu1 Dieter Gaedke, „Ein Ertrinkender kann nie einen Ertrinkenden retten". Indien unter britischer Kolonialherrschaft, in Praxis Geschichte 1/93, zit. nach G. Schönbrunn, Das bürgerliche Zeitalter 1835–1914, S. 658-661

31/Qu2 Dieter Gaedke, „Ein Ertrinkender kann nie einen Ertrinkenden retten". Indien unter britischer Kolonialherrschaft, in Praxis Geschichte 1/93, zitiert nach D. Rothermund, Der Freiheitskampf Indiens, 1976, S. 27

31/Qu3 Dieter Gaedke, „Ein Ertrinkender kann nie einen Ertrinkenden retten". Indien unter britischer Kolonialherrschaft, in Praxis Geschichte 1/93, zitiert nach D. Rothermund, Der Freiheitskampf Indiens, 1976, S. 40f.

36/Qu1 F. Berger et al., Zeiten Völker Kulturen 3, öbv, Wien 1977, Arbeitsbuch S. 19

36/Qu2 F. Berger et al., Zeiten Völker Kulturen 3, öbv, Wien 1977, Arbeitsbuch S. 56

39 Kurt Tucholsky, Der Graben (1926), in: ders., Gesammelte Werke, Bd. 2, Rohwolt, hrsg. Gerold Tucholsky, Mary/Radatz, Fritz J. Reinbeck 1960, S. 573f.

43/Qu1 Zeitschrift „Eiserne Jugend", 1 Jg. (1915), Probenummer, in: Gerhard Schneider, Wie der Krieg in die Heimat kam ... Alltag im Ersten Weltkrieg, in: Praxis Geschichte 3/95, S. 14

47/Qu1 D. Kachulle, Die Pöhlands im Krieg. Köln 1982, S. 194 f.

47/Qu2 E. Jünger, In Stahlgewittern, Stuttgart 1961 (Erstausgabe 1920), S. 106

48/Qu3 H. Barbusse, „Le feu" – Tagebuch einer Korporalschaft, Frankfurt a. Main 1986 (Erstausgabe 1916), S. 319

51/Qu1 Richtlinien des stellvertretenden Generalkommandos des X. Armeekorps, Hannover, für die Arbeit in Rüstungsbetrieben, Dezember 1916. Zitiert nach Stahl und Steckrüben, Bd. 2. Hameln/Hannover 1993, S. 63 ff., in: Amrei Stupperich, „Arbeit in Arbeitshose ist zu gestatten" – Frauen im Ersten Weltkrieg, Praxis Geschichte, 3/95, S. 40

51/Qu2 Stahl und Steckrüben. Beiträge und Quellen zur Geschichte Niedersachsens im Ersten Weltkrieg (1914–1918). Bd. 2. Hrsg. von R. Oberschelp und K.-H. Grotjahn. Hameln/Hannover 1993, S. 165, in: Amrei Stupperich, „Arbeit in Arbeitshose ist zu gestatten" - Frauen im Ersten Weltkrieg, Praxis Geschichte, 3/95, S. 40

51/Qu3 Christine Beil u.a., Der Erste Weltkrieg, rororo Rowohlt, Berlin 2004, S. 195

51/Qu4 Gerhard Schneider, Wie der Krieg in die Heimat kam ... Alltag im Ersten Weltkrieg, in: Praxis Geschichte 3/95, S. 15 aus: Hanomag-Nachrichten (Kriegsbeilage) Nr. 12 vom Oktober 1914 und Nr. 4 vom April 1918

52/Qu5 Freundlich, Kindermord in der Munitionsindustrie, S. 19, in: Zeitbilder 6, S. 147

Verzeichnis der Bildquellen

AKG – 4/1, 13/1, 19/2, 22/7, 26/1; 39/3; 45/2
Aus: Das große Buch der Weltgeschichte, Erlangen 1994, S. 569 – 53/1
Aus: Geschichte kennen und verstehen B9, S. 105 – 22/5, 22/6
Aus: Geschichte mit Pfiff 8, 89, S. 29 – 25/5
Aus: Helmut Pechlaner, Meine Schönbrunner Tiergeschichten. Verlag Holzhausen, Wien 1996, S. 108 – 17/3
Aus: Manfried Rauchensteiner, Der Tod des Doppeladlers. Österreich-Ungarn und der Erste Weltkrieg, Styria Verlag, Graz-Wien-Köln 1997, Abb. 18 – 46/3
Aus: Mensch und Natur im Wandel, Meilensteine der Weltgeschichte, Weltbild Verlag, Augsburg 2000 – 15/2, 30/1
Aus: Nick Yapp, Nordamerikanische Geschichte. Ein Jahrtausend in Bildern, Könemann 2000, S. 206 – 12/4
Aus: Piers Pennington, Die großen Entdecker, Neuer Kaiser Verlag, Klagenfurt, 1980 – 17/4, 23/Karte1, 25/1, 25/3, 25/6
Aus: Simon Adams, Der Erste Weltkrieg, Gerstenberg Verlag, Gildesheim 2002 – 47/5, 48/6
Bibliothek für Zeitgeschichte, Stuttgart (Sammlung Göggle/Wall) – 47/4
Bildarchiv der Österreichischen Nationalbibliothek – 25/2, 34/1, 35/2; 37/1
bpk – 5/2, 21/4, 26/3, 32/2, 38/1, 39/2, 44/1; 43/5
Heeresgeschichtliches Museum Wien – 49/1, 52/2, 52/3
Historisches Museum der Stadt Wien – 17/5
öbvhpt (Archiv) – 11/3, 33/1
öbvhpt (Doris Hascher) – 13/2
öbvhpt (Grafik: Wolfgang Reiter 2006) – U3
öbvhpt (Luis Mario Casanova Sorolla, Wien 2006) – U1, U4, 7/1, 9/2, 14/1, 18/1, 19/3, 42/2
öbvhpt (Michael Wandl) – 24/Karte1
öbvhpt (Steve Becke) – 4/Grafik1, 29/Karte1, 36/Grafik1, 39/Karte1, 53/Karte1, 53/Karte2
öbvhpt (Vera Faber) – 4/Grafik2, 25/Karte, 27
Punch, London – 26/2
The Meyi Memorial Picture Gallery, Tokio – 5/3
Ullstein Bilderdienst – 25/4, 40/1, 43/4

Ereigniskarten zum Imperialismusspiel

Besprecht nach Beendigung des Spiels mithilfe der Karten und des Plans die Gründe für die ungleichen Siegerchancen.

Weiße	Schwarze
Du hast dem Gouverneur den schuldigen Respekt versagt. *(Setze einmal aus!)*	Du hast den weißen Kaufmann nicht höflich gegrüßt. *(Warte, bis du eine 6 würfelst.)*
Du kommst ohne Krawatte zum Abend-empfang des Gouverneurs. *(Beim nächsten Wurf nur ein Feld ziehen.)*	An deiner Dieneruniform fehlt ein Knopf. *(Setze zweimal aus.)*
Du hast zwei Bücher von deinem Freund zu lange ausgeborgt. *(Deine Entschuldigung wird angenommen, zwei Runden Pause.)*	Du hast ein Messer aus der Küche genommen. *(Du wirst ausgepeitscht und musst zum Start zurück.)*
Du hast einen Schwarzen in der Öffentlichkeit geschlagen. *(Denk nach, ob man das in der Öffentlichkeit tut – keine Sanktionen.)*	Du hast deinem weißen Massa widersprochen. *(Gehe um fünf Felder zurück.)*
Du hast dazu beigetragen fünf Schwarze zu bekehren. *(Würfle dafür dreimal.)*	Du hast fleißig in der Kirche gebetet. *(Rücke zwei Felder vor.)*
Du hast eine Europakarte für die Dorfschule gestiftet. *(Rücke fünf Felder vor.)*	Du hast deinen Sohn nicht zum Unterricht geschickt. *(Setze einmal aus.)*
Du hast deine Steuern nicht vollständig entrichtet. *(Zahle den Rest nächstes Jahr, der nächste Wurf zählt aber nur zur Hälfte.)*	Du hast deine Abgaben nicht bezahlt. *(Du setzt viermal aus.)*